经管新概念系列

大智若愚

领导者的艺术与原则

[美] 皮特·霍金斯 著

丁恒 武齐 译

The Wise Fool's Guide
To Leadership

中国社会科学出版社

图书在版编目（CIP）数据

图字：01-2008-1659 号

大智若愚/［美］霍金斯（Hawkins，P.）
著；丁恒、武齐译 . —北京：中国社会科学出版社，2009. 1
书名原文：The Wise Fool's Guide to Leadership
ISBN 978-7-5004-7188-2

Ⅰ. 大… Ⅱ. ①哈…②丁…③武… Ⅲ. 管理学—通俗读物
Ⅳ. C93-49

中国版本图书馆 CIP 数据核字（2008）第 135008 号

出版策划	任　明	
特邀编辑	李晓丽	
责任校对	曲　宁	
封面设计	弓禾碧	
正文插图	曾祥东	
技术编辑	李　建	

出版发行	中国社会科学出版社		
社　址	北京鼓楼西大街甲 158 号	邮　编	100720
电　话	010—84029450（邮购）		
网　址	http：//www.csspw.cn		
经　销	新华书店		
印　刷	北京奥隆印刷厂	装　订	广增装订厂
版　次	2009 年 1 月第 1 版	印　次	2009 年 1 月第 1 次印刷
开　本	880×1230　1/32		
印　张	6. 375		
字　数	103 千字		
定　价	22. 00 元		

目　　录

大智若愚

名家推荐

世界上有许多关于领导能力的书，但是很少有像彼得·霍金斯的书这样风趣的。我已经厌倦了那些干巴巴的学术腔调。关于领导能力，你总能通过故事学到更多。毕竟，我们是通过别人口中那些关于我们的故事来判断我们的领导能力的。阅读、标记，然后在头脑里消化……这本书能让你尽情发笑。

斯蒂芬·巴博（Stephen Bubb）
英国非营利机构高管协会（ACEVO）总裁

在目前复杂的政治环境中，领导能力就是一切。这本书让我们认识到领导能力是人类最大的挑战，并通过故事和短文教给我们：只有将人性、同情与智力联系起来，才能构成强大的领导能力来领导我们自己和别人。

罗德·维克多·阿德博威尔（Lord Victor Adebowale）
《转折点》（Turning Point）杂志总编

作为不同行业大型跨国公司的董事会成员，我经常看

到公司的领导者在做决定的时候犯错误。生活更多的是关系而不是事物。问题的出现源于公司与公司、团队与团队以及人与人之间产生了交集。机会的出现也是如此。这本书让我们从单纯地看待事物转向看待关系。我建议广大的公司总裁和董事会成员读读这些故事，并体会故事的深意。

保罗·克拉佛博士（Dr. Paul Cluver）

南非酒业集团盖普斯潘公司（Capespan）和 Vinfuco 公司总裁

南非开普敦大学（Cape Town）和斯坦陵布什大学（Stellenbosch）董事

皮特·霍金斯将古代民间故事的智慧与现代管理环境完美地结合起来。纳斯尔丁（Nasrudin）——一个智慧的傻瓜的原型，戴着管理顾问的帽子来提醒公司界真理和幽默往往比陈词滥调的安慰和证券化的商业语言更具有说服力。这对所有的领导者和他们的管理顾问都是一本必备的读物。

罗德·豪斯顿（Roger Housden）

《改变你命运的十首好诗》（Ten Poems to Change Your Life）

以及其他畅销书的作者

我向你们推荐这本纳斯尔丁（Nasrudin）故事集。事实上这是一本非常值得推荐的书，比《银河系漫游指南》智慧得多，比《追求卓越》有趣得多，比《哈佛商业评论公司战略百科全书》薄得多，而且比《第二十二条军规》便宜得多！

迈克·潘得勒（Mike Pedler）教授

畅销书《学习型公司和经理人的自我发展指南》的合著者

长久以来，我们很难在"领导能力上形成真正的共识，或许根本不可能达成共识。但是不管怎么样，纳斯尔丁具有很好的现实意义。每一则故事都令人难忘并蕴涵深刻的智慧。如果你是一位领导人，尤其是一位具有雄心的领导人，或者领导人的咨询师，那么这本书值得你阅读、深思。

约翰·亚当斯（John Adams）

Saybrook Graduate School 公司系统课程主任

《变革中的领导能力》一书作者

几乎任何做领导的人都会对领导能力所包含的要素有过一些未经检验的假设。本书的故事将检验并暴露你的那些假设。读这本书，有时候你会想笑，有时候会觉得羞

愧，有时候会发现这些故事毫无具体所指。但是，难道你没发现你的那些假设其实都已经在你读这本书的反应里体现出来了吗？

比尔·托博特（Bill Torbert）

波士顿学院管理学教授

《行为求知：及时和演变性的领导能力的秘密》一书作者

鸣　谢

　　我在此对所有帮助我完成本书的人表示感谢。你们有人告诉了我一些小故事，有人对我的手稿提出了意见和建议。我尤其要感谢我的好朋友斯蒂芬·拉斯提格（Stephen Lustig）、迈克·潘德勒（Mike Pedler）、朱蒂·莱德（Judy Ryde）、琼·威尔默特（Joan Wilmot）和罗宾·肖赫特（Robin Shohet），他们鼓励我完成此书，并对如何出版此书提出了宝贵意见。尤其是罗宾，他几乎就是本书的助产婆，在我疲惫不堪想要放弃的时候，是他一直鼓励我坚持下去。

　　柏琳娜·奥索普（Pauline Allsop）、莱斯雷·碧斯（Lesley Bees）、罗丝·郝沃斯（Rosie Howarth）和艾黎森·斯蒂芬森（Alison Stephenson）也在巴斯咨询集团（Bath Consultancy Group）打印此书方面给予了全力的支持。

　　经常和我一起旅行的学院同事约翰·布鲁克（John Crook）、迈考姆·巴雷特（Malcolm Parlet）、皮特·瑞森（Peter Reason）和皮特·塔森姆（Peter Tatham）一直支持并鼓励我如何将个人与公司、精神与心理进行有效的结合。

大智若愚

也要感谢迈克·潘德勒（Mike Pedler），他不仅给本书写了序言，也正是他，在多年前的学习型公司咨询会议上，当听说我有意写纳斯尔丁故事的时候就一直鼓励我完成此书。

朱蒂（我的妻子）和我的三个孩子亚当、丹尼尔及凯瑟琳都是我多年来所讲的纳斯尔丁故事的忠实听众。也非常感谢他们能容忍我为写这些故事时经常在电脑前忍俊不禁。

最后，还要感谢穆斯德·法扎尔·伊那亚特·康（Murshid Fazal Inayat Khan），在他去世之前的许多年里，他教会我如何在每天的平凡生活中认识到信仰，并且教会我热爱古代波斯的传统和他们现时的习俗。

序

据说从前国王们都爱收养傻瓜。这些傻瓜除了每天表演娱乐节目逗郁闷的君主开心，还有机会对君主说实话。借着小丑服装和丑角戏的掩饰，这些智慧的傻瓜能够在插科打诨之间向君主反馈一些现实情况。

彼得·霍金斯很狡黠地将纳斯尔丁①变成了一位管理顾问，并让他置身于人们所熟悉的现代环境。在很大程度上，他疯疯癫癫的言论是要教会经理人如何区分聪明与智慧。如果纳斯尔丁的全部言论就是为了这些，那么他会显得有些玩世不恭。事情远不止如此。纳斯尔丁在扮演这些

---

① 纳斯尔丁（Nasrudin，1208～1284），亦译纳斯列丁·霍加、纳斯尔丁·阿凡提等，土耳其民间口头文学家，善于讲笑话。出生于土耳其西南部的锡夫里希萨尔城附近的霍尔托村，通晓《古兰经》，熟知大量民间故事、传说和轶事，爱好诗歌、谚语，善于辩论。曾担任当地清真寺的伊玛目（穆斯林做礼拜时的领拜人），后成为伊斯兰教教义学家，深受苏菲主义思想影响。30 岁时离开故乡去阿克斯希尔定居，从事民间文学的创作，直至逝世。他的笑话和轶事长期以来在土耳其及中近东、中亚细亚、中国新疆及欧美广泛流传，并在流传的过程中不断被丰富发展。18 世纪，他的笑话和轶事被编纂成书。

丑角儿的时候像孩子一样好奇和坦白，又像世外高人一样别有见识，这使他既能表现得像个傻瓜，又能表达出严肃的、发人深思的道理。

我最喜欢的一则关于纳斯尔丁的故事是这样讲的（在本书中讲法有所不同）：聪明而又愚蠢的纳斯尔丁和他的朋友们在镇上走路，他们被一群小孩子纠缠住，纳斯尔丁灵机一动，向他们喊道："孩子们，孩子们！你们知道城镇大厅那个地方正在散发糖果吗？"孩子们一下子都兴高采烈地跑向城镇广场。纳斯尔丁看着孩子们离开，想了一会儿，忽然拾起衬衫也跟着那些孩子跑去。他的朋友们被逗乐了："纳斯尔丁，你这个傻瓜，你在干什么啊？你刚才只不过编了个故事把小孩子们赶走啊！""啊，对！"纳斯尔丁一边往前奔跑一边回头喊道，"但是，谁知道呢，也许那边发糖果是真的呢！"

你不想像纳斯尔丁一样无拘无束吗？哪怕只在生日那一天？现在，所谓的管理就是驱使人们追求所谓的绚丽夺目的梦一样的"成功优秀"和"成为最好"。在成功和出名越是被奉为荣耀的地方，就越是需要智慧的傻瓜。如果没有一个像纳斯尔丁这样的傻瓜敢站出来偶尔煞一煞那些经理人愚蠢的威风，他们怎么能够聪明地管理他们的公司呢？

序

谁敢嘲笑理查德·布兰森①、安妮塔·罗迪克②这样的人物呢？顶多敢跟他们一起笑罢了。但是，这样的人物必须有人嘲笑。谁敢揭穿葛兰素（Glaxo）药厂③或者哈罗斯（Harrods）百货公司④的真相呢？只有傻瓜敢。这是很明显的，这些人物和公司被尊居高位，几乎和平凡的人挨不着

---

① 理查德·布兰森（Richard Branson，1950～ ），英国亿万富翁，多渠道音乐和娱乐产品零售商"维珍"（Virgin）品牌的创始人，以特立独行著称，曾驾驶热气球飞越大西洋和太平洋。1999 年，被伊丽莎白女王册封为爵士。《泰晤士报》2007 年估计其个人财富超过 30 亿英镑。

② 安妮塔·罗迪克（Anita Roddick，1943～2007），英国著名健康及美容用品连锁店"美体小铺"（Body Shop）品牌的创始人，也是英国 5 位最富有的女性之一，一生热心环保及慈善事业，因其在环保事业上做出的杰出贡献，又被称为"环保女王"。1985 年当选为"英国最杰出的女实业家"，1988 年被英国女王授予四等大英帝国勋位。2005 年，她在告别商界之际将自己 5100 万英镑的财产悉数捐给了慈善事业。

③ 葛兰素（Glaxo）药厂，全称葛兰素史克药厂，简称 GSK，为全球性跨国药厂。总部设在英国，并以美国为业务运营中心，估计占有全球药业市场 7% 的份额。由葛兰素威康公司和史克必成公司于 2000 年 12 月合并而成。该公司在抗感染、中枢神经系统、疫苗研制等医疗领域都保持世界领先水平。

④ 哈罗斯（Harrods）百货公司，英国伦敦著名高档百货公司，戴安娜王妃生前喜爱的购物地点之一。戴妃死后，其男友多迪·法耶兹的父亲——埃及船王穆罕默德·法耶兹将公司买下，并在店内摆放戴安娜遗照。

关系。托尼·布莱尔①有傻瓜吗？（在明信片上就可以看到很多提名）。我确实希望如此。大概正是因为有了这样一个傻瓜，杰弗里·伯伊科特爵士②才不仅仅只是约克郡和英格兰的第一位板球手，还成了一个人人喜欢的可爱的人。

我们现在很迫切地需要为培养这样的公司傻瓜而发展一个培训项目——或许是管理金融分析师项目——来加强现在西方世界的金融和思维健康。

我只知道一位公司的高级领导有一位自己的傻瓜。几年前，英国航空公司的高级规划师保罗·伯特③在时任公司总裁的科林·马歇尔④的允许下，在自己的名片上印上了"公司弄臣"（Corporate Jester）的头衔。保罗经常挑战

---

① 托尼·布莱尔（Tony Blair，1953～ ），英国政治家、前首相，1997～2007年在任。他是英国工党历史上在任时间最长的首相，兼任首席财政大臣和文官部大臣。辞职后仍活跃在国际政治舞台，著有《新英国，我眼中的年轻国家》等。

② 杰弗里·伯伊科特爵士（Sir Geoffrey Boycott，生年不详），英国前板球运动员。

③ 保罗·伯特（Paul Birch，生年不详），英国当代咨询和培训大师。曾就任于英国航空公司，作为一位企业内部咨询师和顾问为企业高层领导献计献策。合著有《即时团队管理》、《即时创造力》。

④ 科林·马歇尔（Colin Marshall，1933～ ），英国企业家，英国航空公司总裁。

和愚弄公司权威，并通过这种方式对商务会议、规划流程以及支付系统提出一些富有创造性的管理建议。不过，我最后一次听说他的时候，他已经退居威尔士做顾问了。

让我们回头重新来说说纳斯尔丁。我向你们推荐这本纳斯尔丁故事集。事实上这是一本非常值得推荐的书：比《银河系漫游指南》①（*The Hitch Hiker's Guide the Galaxy*）智慧得多，比《追求卓越》②（*In Search of Excellence*）有趣得多，比《哈佛商业评论公司战略百科全书》（*The Harvard Business Review Encyclopedia of Corporate Strategy*）薄得多，而且，令人吃惊的是，比《二十二条军规》③（*Catch 22*，又名《不可能完成的任务》），便宜得多！

迈克·潘德勒（Mike Pedler）教授

---

① 《银河系漫游指南》，英国科幻小说作家道格拉斯·亚当斯（1952～2001）的科幻小说"银河系漫游五部曲"之一。

② 《追求卓越》，美国管理学家汤姆·彼得斯和罗伯特·沃特曼合著的管理学著作，出版于20世纪80年代，被称为美国工商管理圣经。

③ 《第二十二条军规》，长篇小说，美国"黑色幽默"文学的代表作。小说以第二次世界大战为背景，通过对一支驻扎在意大利附近一个名叫皮亚诺扎岛上的美国空军部队内幕生活的描写，揭示了一个非理性、无秩序、梦魇式的荒诞世界。作者为美国黑色幽默派代表作家约瑟夫·海勒（1923～1999）。

前　言

你是否读过一本书或者参加过一次关于领导能力的演讲，后来发现自己记住的唯一的事情是作者写的一个故事或者演讲人开的一个玩笑？一个短小的故事通常能比长达几页的建议来得更为有效。

对于领导能力这个话题，我发现用故事来诠释显得更为切要。首先，因为领导能力最重要的是关系（因为领导关系的存在至少需要三个要素：领导者、服从领导者以及支持者），而故事就是关系的语言。

其次，发展领导能力较少地强调学习新技能，而是更多地注重反向学习，打破我们已经形成的思维习惯并从中解放出来。

有一次，一位公司总裁问我怎么学到讲故事和说笑话的本领。"为什么你觉得讲故事和说笑话那么重要呢？"我问他。

"因为我需要了解员工，吸引他们的注意力，并鼓励他们创新思维。"

　　"我知道有一个人可以帮助你。"我告诉他,"那个智慧的傻瓜——纳斯尔丁。"

　　"谁是纳斯尔丁?"他问。

　　于是我给他讲了下面的故事。

　　纳斯尔丁是一位属于任何时代的超越时空的智慧的傻瓜。纳斯尔丁的故事具有普遍性。他的故事在世界各地流传,从远东到爱尔兰西海岸;不过,流传最多的还是在中东地区。

　　伊德里斯·沙赫①曾经发表过许多卷关于纳斯尔丁(Nasrudin)的故事,他这么写过:

　　　　许多国家都把穆拉·纳斯尔丁(Mulla Nasrudin)当做本国人,尽管并不是每个国家都像土耳其一样建有纳斯尔丁的坟墓,并且还举行每年一度的纳斯尔丁节。每到纳斯尔丁节,人们就穿戴起来,在纳斯尔丁的降生地阿克斯希尔(Aksebir)②狂欢。

　　　　　　　　　　　　　　　　　伊德里斯·沙赫,1966

---

　　① 伊德里斯·沙赫(Idries Shah,生年不详),阿富汗作家。曾编纂过许多关于纳斯尔丁的故事。

　　② 土耳其城市。

前言

据阿克斯希尔地区的人们说，穆拉·纳斯尔丁以纳斯尔丁·鸿嘉（Nasrudin Hodja）而知名，他出生在 1208 年，是锡夫里希萨尔（Sivrihisar）地区霍尔托村（Horto）的一位清真寺领拜人伊玛目（Imam）的儿子。他于 1284 年在阿克斯希尔去世，人们在那里给他修建了坟墓和陵园。他的生平和故事都是有史可稽的。

人们经常把纳斯尔丁看作伪装起来的苏菲主义①（古波斯）的聪明傻瓜，但我发现他的故事在许多其他宗教传统中也都有幽默的体现。比如禅宗、道教、基督教以及犹太故事。纳斯尔丁是一位具有启示眼光的市场大师，属于所有的教堂，但又不归属于任何宗教。

我第一次接触纳斯尔丁的故事是在 20 世纪 70 年代早期，此后开始从不同的途径搜集有关他的故事。在 70 年代后期，我经常在会议上发表我的论文、进行演讲，从那个时候我就经常记起我的朋友纳斯尔丁，总爱在演讲中穿插一两个与他相关的小故事为我的演讲增色。每当我充满焦虑地看着台下昏昏欲睡的听众而感觉是被抛弃到演讲台

_____

① 苏菲主义，亦作"苏非主义"，指伊斯兰教中苦行主义与神秘主义相结合而形成的苏非思想。"苏非"一词的阿拉伯语词根原意为羊毛，因信奉者身穿羊毛褐衫而得名。最初源自《古兰经》的某些经文和穆罕默德的神秘体验。

这个荒岛的时候，是纳斯尔丁的故事一次又一次地给我勇气，鼓励我将演讲继续进行下去。在最近的 25 年里，我不停地讲述并复述这些故事，好像所有的故事都随着不停的讲述而变得成熟，故事也随着听众的改变而被不断地推出新意。

许多人在听完我的演讲后来找我谈话或者写信给我，追问我所讲的纳斯尔丁究竟是谁的故事。几乎每个人都对此充满好奇。对于某些人我只是在书的结尾给出了一长串参考书的书名，对于另一些人我却又讲了另外一个故事。

当年我做心理咨询师的时候就想过纳斯尔丁才是一位天才的心理咨询师。后来我成为一名公司顾问和领导培训师，我发现纳斯尔丁其实也适合做这个职位。对于一个傻瓜来说，在 20 世纪晚期还有什么比做公司顾问更有前途呢！以前的那些国王——比如李尔王①，都养着自己的傻瓜，这些傻瓜能帮助国王纠正莎士比亚所谓的"偏听偏信"（Single-eyed Vision）的错误，敢于告诉国王其他朝廷官员不敢直言相告的事实。我所共事的许多公司总裁和领

---

① 李尔王，英国戏剧家莎士比亚悲剧《李尔王》中的主人公。李尔王身边有一位特殊的朋友，他是宫廷里的傻瓜。在整部戏剧中，作者赋予他有先知一样的智慧，并通过他的嘴巴道出了玄机。

导都需要他们的傻瓜或者"宫廷弄臣"① （court；ester）。
一些大公司的权威领导人其实跟我们这个时代的普通人一样，很容易陷入单一、僵化的思维而形成偏见。他们和我们一样，不容易看到两个相反事物之间的联系，结果他们纠正错误的方法反而使潜在的问题变得更为严重。我们用有限的思维和观点解决昨天的问题，往往又为明天的问题埋下了隐患。

纳斯尔丁能够帮助我们避免陷于这种僵化的思维，让我们打破固有的思维习惯，从而全盘考虑问题，找出看待问题的新视点、解决问题的新方法。他可能对一位忙着去解决下一个问题的公司领导这么说：

什么也别做了；坐那儿听着就行了。

故事可以在多个方面起到积极的作用，可以使我们从不同的角度看待我们已经熟知的情况和观念。纳斯尔丁帮助我们容忍相反的和矛盾的事物，并教我们认识到所有问题的原因都不是单一线性的过程，而是包含许多潜在的、

---

① 宫廷弄臣，中世纪欧洲一种相当古老而特殊的职业，又称职业小丑、职业傻瓜或说笑者、弄臣、弄人，其职责是为国王或王公贵族说笑解闷。

相互关联的因素。在苏菲主义（古波斯）的传统里，故事至少有三层作用：

- 创造活生生的幽默感
- 促进心理变化的发生
- 把我们从既成的思维习惯里解放出来

　　每个关于纳斯尔丁的好故事都会令人回味并反思。就好比，他的故事以轻松的幽默感溜进人们的家里；一旦进入你家，它就会重新安排家具，并打通墙壁开出一扇新窗户。如果你觉得原先自己像住在监狱里，有人为你打开一扇窗户自然是非常惬意的事；但如果你已经非常习惯于自己舒服的"监狱"，它这种作用将使你感到非常不适。

　　在本书里，我通过各种渠道搜集了关于纳斯尔丁的许多新旧不同的故事，然后把这些故事重置于现代公司和公司顾问的环境里。尽管有些故事是我自己创造出来的，我也尽量地保持原汁原味的风格，并遵循上述故事的三层作用的原则。通过整理这些故事，我也发展出一套关于"反向学习"的领导课程，这个课程基于智慧而不是知识，基于增加我们情感和信仰的能力而不是增加我们的小聪明，基于辨析内在的矛盾而不是规避外在的各种风险因素。

　　但是我们永远不要忘记纳斯尔丁的故事总会让我们开

心地发笑。

"我的问题是，我总是记不住笑话。"一位总裁曾这样对我说。

"你得意识到，"我回答说，"那些讲笑话的人并不是通过听笑话而是通过讲笑话来记住笑话的。你能保证你听到的下一个笑话，你会在 24 小时之内在三个不同的场合分别讲给三个不同的人来听吗"？

他向我做了保证；据我所知，至今他仍在讲许多笑话。

希望你也能够享受本书故事中的笑话，并复述给周围喜欢你的人听。

大智若愚

这个家伙大智若愚；
为了表现逼真他得具备一种睿智：
他必须仔细观察他要捉弄的人的情绪，
还要考量那人的素质和开玩笑的时机，
就像形容憔悴之人，仔细地检查
飞过他眼前的每一根羽毛；这是
聪明人练习智慧的努力：
这样才能表现得大智若愚
愚蠢中透着机智。

——薇奥拉

莎士比亚《第十二夜》第一幕

有一句古老的谚语是这么说的：

聪明的人学习别人的经验；傻瓜从自己所犯的错误里汲取教训。

纳斯尔丁补充道：

不过，智慧的傻瓜都很慷慨，愿意让别人从他的失败里汲取教训。

成功之路：追求完美

我打小就是伴着这样一句顺口溜长大的：

好，更好，最好，
永不歇脚，
直到好变更好，
更好变最好。

这句顺口溜是我所受的教育的一部分，它让我为自己和别人设立更高的目标，让我学会总是做到更好。对于我们大部分人而言，这已经变成追求完美的一部分。完美的伴侣，完美的工作，完美的首席执行官，完美的领导还有完美的……

在公司一类的组织之中，这有不同的表现形式。汤

— 3 —

姆·彼得斯①（Tom Peters）写过一本精彩的畅销书《追求卓越》，并且发起了一整场寻求"全球最佳公司"的运动。这种标准的组织形式我们都能拷贝。从此以后，许多作家——诸如哈默尔②（Hamel）、普拉哈拉德③（Prahalad）以及其他作家，都表明了这种对完美的追求对于赶做"市场领袖"具有"战略性的意义"，只不过当你觉得你已经赶上并具备了做"市场领袖"的能力时，这些"领袖"又不知前进到何方了。

这种追求完美的另一个方面，就是对于我们的领袖或者作为领袖的自己提出过高的期望。当他们或者自己达不到这些不切实际的愿望时，就会被人诟病。

有一次，我和一个高级执行团队坐在一起，我旁边挨着首席执行官，我对着他手下的总监们说：

---

① 汤姆·彼得斯（Tom Peters，1942～　），美国管理学大师，在美国乃至整个西方世界被称为"商界教皇"。代表作《追求卓越》、《乱中求胜》、《解放管理》、《管理的革命》等。

② 哈默尔（Hamel，1954～　），英国战略管理大师，被《经济学家》誉为"世界一流的战略大师"。著有《公司的核心竞争力》、《为未来而竞争》（合著）、《领导革命》等。

③ 普拉哈拉德（Prahalad，1941～　），美国经济学家，出生于印度，与哈默尔共同提出"核心竞争力"理论。著有《为未来而竞争》（合著）、《竞争的未来》、《金字塔底层的财富》等。

　　我真的厌倦了你们老跟我说你们的首席执行官有问题。我觉得你们就是在玩一个游戏，期待出现一位完美的首席执行官。我要告诉你们一个坏消息：在我做顾问的这 20 年里，我从来没有碰到过一位完美的首席执行官。你们应该认识到，你们自己都得为他的不足之处负责。

　　如果我们要想成为一位领导，纳斯尔丁警告我们，不要过于期望我们自己或者我们的领导很完美。相反，我们应该培养我们接受现状和原谅他人不足的能力。纳斯尔丁就是防止我们过于匆忙地追求完美的未来，而让我们返回不完美的现在。

追求完美

纳斯尔丁正在帮助一家公司寻找一位新的首席执行官。这家公司已经尝试过这个国家所有的高级职员猎头公司却一无所获，只得求助于纳斯尔丁。

共进晚餐的时候，他们询问了纳斯尔丁一些关于他私人的问题。当他们发现纳斯尔丁没有结婚时，就问他是否曾经非常接近婚姻。

"确实，"纳斯尔丁回答道，"我年轻的时候非常渴望找到一位完美的夫人。我游历各国，试图找到她。在法国，我遇到一位美貌的舞女，她俏皮快乐无忧无虑。可是天呐！她竟然对人的精神世界一无所知。在埃及，我遇到一位不仅美丽而且聪明的公主，悲哀的是我们根本无法沟通。最后我终于在印度找到了她。她美丽、聪明，她的魅力迷倒了所有见过她的男人。我知道这就是我心目中理想的完美妻子。"

纳斯尔丁深深地叹了一口气。其中一位高级经理人急切地问道：

"那为什么你没有和她结婚？"

"唉，"纳斯尔丁叹道，"那个时候她正在寻找她理想中的完美丈夫。"

然后呢

一家大公司的董事会正在酝酿他们的公司宗旨。

"你们最根本的目的是什么？"纳斯尔丁问道。

"我们的任务就是为我们的股东创造不断增长的利润。"他们宣称。

"然后呢？"纳斯尔丁又问。

"这样他们就可以赚取不断增长的利润，重新投资到我们公司。"

"然后呢？"纳斯尔丁接着问。

"然后他们可以赚到更多的利润。"董事们有点不耐烦了。

"然后呢？"纳斯尔丁继续漠不关心地问。

"他们可以再投资，再赚更多的利润。"

纳斯尔丁想了一会儿，谢过他们的解释。

一星期后，董事们去拜访纳斯尔丁，并安排在他家继续探讨公司宗旨。他们看见纳斯尔丁正在倒燕麦料喂他的驴子。

"你在干什么呢？"他们问道，"你把那可怜的牲口喂得太饱了，它走不动，哪儿也去不了了。"

"可它本来就没有打算去哪里啊。"纳斯尔丁回答道，"它的目的就是制造粪肥。"

"然后呢？"他们问。

"没有粪肥我就不能种足够多的燕麦来喂这个贪得无厌的畜生了。"

如何进步

一位雄心勃勃的年轻经理忧心忡忡地来找纳斯尔丁。

"怎么啦?"纳斯尔丁问道。

"我该如何进步呢?公司最近压缩掉很多管理层级,这些管理层级都在我的职业规划的阶梯中消失了。"

纳斯尔丁想了一会儿回答说:

"当我发现我楼上卧室的钥匙丢了而我又想进卧室时,梯子是有用的。但是现在我根本就没有锁卧室的门,这时候我爬上梯子才发现原来梯子是挡道儿的,它只会阻止我进步。"

下一步

　　纳斯尔丁被邀请到一家著名的技术公司做顾问；这家公司已经雇用了他所知道的所有思考型顾问。排在这一长串顾问的最后，纳斯尔丁有点伤感，但他还是安慰自己说：人们通常都把最好的留在最后。同时他还有点奇怪，既然他们都已经雇了那么多能够提供现成解决方案的高级顾问，为什么现在又来找他呢？

　　纳斯尔丁到达后，他们向他解释了他们已经取得的成就：英国 BS 5750 国家质量标准奖，宪章质量标准奖，最佳投资人奖；他们还被授予技能中心奖。正因如此，他们不知道下一步的发展计划该如何进行。

　　"真悲哀，我也无能为力。"纳斯尔丁说。

　　"怎么可能?"他们问道，"我们付给你的可是那些顾问双倍的薪水。"

　　纳斯尔丁回答道："不幸的是，我不是一个木匠；而你们需要的不过是一个给你们做更大的奖杯匣子的木匠啊。"

追求名誉

纳斯尔丁退休后，回到他出生的小村庄安然隐居。然而他早已经声名远播；一些无知无畏的游客就来寻访他。

有一天，他坐在村子里的广场上，一辆车停了下来，一位想不起纳斯尔丁名字的游客上前问他：

"这个村里出生过什么名人没有?"

"据我所知，"纳斯尔丁回答道，"这个村里只出生婴儿。"

追求优秀

一大群高级经理人来找纳斯尔丁，向他请教如何变得优秀。纳斯尔丁邀请他们去当地的一个主题公园。一到公园，纳斯尔丁就立即把他们带到一个叫做"滚木跳跃"的惊险的攀登游戏项目那里。他们被领进一些有链子拖着的小船里，小船前面是狭长的水道。

前半段攀登就是在狭长黑暗的水道里随船的运行上下跳跃。然后他们出了狭长黑暗的水道，见到了光线，随之马上就被慢慢拉上一个非常陡峭的山坡。到达山顶的时候，他们惊吓得心都要跳出来了：在最陡峭的山顶，他们乘坐的小船上的缆绳自动解开，小船以极高的速度栽进山下的水里。

他们浑身湿淋淋地从水里浮上来，依然脸色煞白。其中一个人问纳斯尔丁，这个游戏跟优秀有什么关系。

"你的意思是你还没有体验到优秀的滋味吗?"纳斯尔丁问道，"难道你觉得战战兢兢快从陡峭的山顶上栽下来的那一刻还不够你享受的吗?"

2

前因后果：系统的领导能力

追求完美的另一方面要求，具有不犯错误和解决问题的动力。我在高层管理会议上花费数小时听经理人争论出现问题的原因："业绩这么差，是团队领导工作不力还是培训不到位？"或者："是什么导致了业绩下滑？"

许多经理人认为，他们之所以拿薪水，就是因为他们有解决问题的能力。他们也坚信每个问题都有解决的方法，只要认真应对，总能够排除困难。不幸的是，许多公司组织的问题远比这些要复杂。"行动学习法"（Action Learning）的创立者雷格·瑞文斯[①]（Reg Revans）有句名言，他说：只有迷惑不解的问题才有唯一的解决方案，而

①　雷格·瑞文斯（Reg Revans，1907～2003），英国企业管理学家、作家，首创管理者"行动学习"的观念，被尊为"行动学习法之父"、全球第一位"艺术管理"大师。著有《发展高效管理者》、《行动学习的起源和成长》、《行动学习：管理者的新技术》等。

问题出现的原因是多元化的，必须用多样化的方法来解决。

纳斯尔丁打破了我们对问题出现的原因的单线性和唯一性的认识，把出现的结果归结于千奇百怪的原因。同时他甚至要我们相信万能的上帝和某些迷信——比如不能在有裂缝的辅路上行走，或者去看足球比赛一定要带上吉祥物。他告诉我们：不要对问题产生的原因过于单一地追根究底，而是要系统化地考虑问题。

最近的研究表明，对问题产生的原因，人类往往过多地归咎于自身，而很少考虑问题产生时的客观条件。我们大多数人都犯这个毛病，就是当出现问题的时候，将错误归咎于与这个问题相关的其他人："看看你到底让我做了什么！"

在纳斯尔丁的帮助下，我们就不会在问题出现的原因上钻牛角尖，而是综合考虑当时客观条件的复杂性，这样才有益于我们真正地解决问题。

无处可逃

在埃及度假的时候，纳斯尔丁意外地看到三位经理人迎面走来——他曾给他们做过一个咨询项目，但却最不成功。纳斯尔丁感到很郁闷，他不想见到他们，也不想让这些人破坏他度假的好心情，于是他迅速躺进路沟里装死。

　　不幸的是，那三个经理人还是发现了他。在仔细查看了纳斯尔丁所躺的路沟确实没有任何异样时，他们问他为什么会躺在这个鬼地方。

　　纳斯尔丁抬起头，没好气地说：

　　"信不信由你，我躺在这个鬼地方都是因为你们；你们来这个鬼地方也全都因为我。"

重新设计商务流程

一家公司听说他们的竞争对手们都在千方百计削减成本，重新设计他们的商务流程，减少不必要的环节。他们不想落后于人，于是把纳斯尔丁找来，让他帮助他们也重新设计商务流程。他们让纳斯尔丁去仓库里考察一番，几星期后向董事会提交他的咨询报告。

"我们怎样才能改变体系，减少不必要的步骤呢?"他们问道。

"这根本不是体系的问题，也没有必要重新设计。"他看着他们迷惑不解的脸说，"是你们员工的问题。"

"那我们怎么解决这个问题呢?"他们问道。

"你们得让他们先长出更长的腿，这样他们在仓库里走路的时候就可以减少不必要的步子①了。"

---

① 英文里"步骤"（step）和"步子"是同一个词。——译者注

心理测试

纳斯尔丁总是很乐意了解他的同行们的进展情况，于是有一天他去拜访一位个人职业规划咨询师。这位咨询师先让他在电脑上做一份心理测试题。其中一些测试题是图画关系测试，电脑会做出一些类似图画的线形图，被测试人必须把看到线形图后脑子里第一时间出现的想法在电脑上写出来。

电脑画了一个四方形。

"婚床。"纳斯尔丁写到。

电脑画了一个三角形。

"接吻的情侣。"纳斯尔丁写到。

电脑画了一个圆形。

"做爱的情侣。"纳斯尔丁在电脑上敲出他的想法。

测试做完之后，心理咨询师告诉纳斯尔丁，他的测试结果毫无疑问表明了纳斯尔丁沉迷于性。

"怎么会是我沉迷于性呢？"纳斯尔丁叫道，"明明就是你的电脑不停地画那些无礼的图！"

不速之客

有一天，人力资源总监看到纳斯尔丁在办公室周边莫名其妙地高兴得手舞足蹈。

"你在干什么啊？"哭笑不得的人力资源总监问道。

"避开那些不想看见的访客。"

"可是我们已经一个月都没有什么访客了。"经理说道。

"哦，太好了。"纳斯尔丁说道，"我的行动奏效了。"

人事名单

纳斯尔丁正在餐厅和他们工作组的顾问一起吃工作餐，这时候公司其他部门的一群经理人过来骚扰他们。为把他们打发走，纳斯尔丁对他们说：

"你们不知道董事会办公室正在张贴升职和裁员的名单吗？"

听了这话，经理们纷纷跑到董事会办公室去看他们的命运如何。纳斯尔丁回过头来继续和他的团队讨论问题；但忽然，纳斯尔丁也跳起来跟着那些经理人一起跑去。

　　"你干什么呢？"他的同事喊道，"你难道不是为了打发他们走才扯了个谎骗他们的吗？"

　　"这可说不好，"纳斯尔丁一边跑一边回头喊道，"这有可能变成真的。"

保护环境

纳斯尔丁被邀请去参加一个环保主题的会议。他是这次会议的最后全权发言人。他认真地、有时候又有些迷惑不解地听了前面每一位发言人的演讲。

最后轮到他发言了。

"在过去的三天里，我为你们的饱学之识和政治热忱所折服，"他说道，"但是我又有些迷惑不解。当我被邀请参加此次会议的时候，我很高兴我是最后一个发言人，因为这样我可以从前面的发言人中得到启示，究竟谁是环境破坏者，我们应该从谁手里拯救环境。"

"第一天我认为是政治家；但是第二天听了政治家的发言，我又以为是工业界；但是今天听了工业界的发言，我认为是环保主义的说客。或许我们是试图从我们自己的手里拯救环境，但是是否还有人问过环境，它真的想被你们拯救吗？"

原地不动地搬家

纳斯尔丁听到一个广播节目报道说，绝大多数旅行事故都发生在游客离家不到两英里的地方。

他马上决定做点什么以减少这么明显的风险，于是他把家搬到了沿公路三英里远的地方。

不为人知的幕后

有人问纳斯尔丁他是如何实现自我突破，然后变成一位成功的商界执行官的。

"哎，当初我打算成就一番事业的时候，我去参加了一个我所能找到的最具影响力的工商界会议。当商贸部长在开幕式上致辞的时候，人们看到电台的摄像镜头里拍摄的是我在和商贸部长谈话。他们记住了我，争相邀请我为他们公司工作。"

"当时你和商贸部长在谈些什么呢?"他们追问道。

"我对他说我是纳斯尔丁先生，有一天我将成为一位成功的领袖。商贸部长回答我说：'别挡住我的道儿，你这个傻瓜!'"

3

吃菜单

一个小男孩经常从他家的后花园里看见飞机起飞，然后高高地飞入高空。轮到他第一次坐飞机了。他抱着双肩，等飞机起飞后，他们开始飞向高空。这时候，他回头问他爸爸："我们什么时候开始变小呢？"

像这个小男孩一样，我们都会把现实与从我们有限的视野里看到的世界混淆。考茨比斯基（Kozybski）曾经指出，我们经常把地图当作领土。葛雷格里·贝特森（Gregory Bateson）① 打了个更生动的比方，他说现在我们的生活就像一个人走进餐厅，吃了菜单，依然奇怪为什么他还是很饿。时下，我们花费更多的时间去搜集烹调书而不去亲身烹饪，花费更多的时间去看怎么运动的书而不是

---

① 葛雷格里·贝特森（Gregory Bateson，1904～1980），英国人类学家、心理学家，杰出的沟通大师。著有《朝向心智生态学》、《天使之惧》、《心智与自然——综合生命与非生命世界的心智生态学》等。

亲自去运动。菜单远比混乱复杂的现实生活更具有可预见性和可确定性。当然我也希望我这本书是美味的！领导能力有多种配方，领土也有多种地图。

用在恰当的地方地图是有用的。比如，在山谷里露营或者长途旅行寻找下个目的地的时候，查看地图是有意义的；但是在遭遇暴风雪或者身陷群兽围攻的时候去查看地图，那就是十足的傻瓜了。

在许多信仰里都有这种传统，教育我们不要盯着指方向的手而不看手所指的方向。

纳斯尔丁帮助我们认清现实与我们有限视野内的认知，让我们看清我们自己的思维和认识有多荒诞。

什么是组织

一群公司董事邀请纳斯尔丁来帮助他们改变他们公司的组织。

"你们让我帮助你们改变的组织是什么啊?"纳斯尔丁问。

董事会主席拿出公司的年报草案,年报里有许多表格和董事们与工人握手的图片。

"那么,你们是让我重新给你们设计这份年报?"纳斯尔丁一边问,一边打算开始着手来做。

"不,不。"财务总监立即插嘴道,"这只是我们告诉股东的东西。你看一下公司的账目吧,这能帮助你认识我们公司。"

纳斯尔丁翻阅着满是一栏一栏数字的账簿,"这样的话,我可不可以理解为,贵公司组织是由整整齐齐地排列在纸上的数字组成的?"

"不对。"运营总监回答道,"你还是看看我们公司的组织结构图吧。这个结构图能让你明白我们是怎么组织在一起的。"

"我明白了。"纳斯尔丁说。董事会以为他已经弄清楚

了，等着从他那里听到有用的建议。"你们公司就是一系列用点和线连接起来的小盒子啊。"

人力资源总监有点恼怒了："好了！我们公司不是年报，不是账目，也不是结构图。我明白你想愚弄我们。我们干人力资源的可不像我的同事那么好愚弄，我们非常清楚组织就是人。如果你愿意，我可以把停车场清理出来，把我们的 4000 名员工带到那里给你看。这样你就明白我们的组织是什么样子的了。"

"这样啊，"纳斯尔丁说道，"你们组织原来就是一群站在空地里不知所措的吵闹的人群啊。"

提高质量

　　纳斯尔丁正为一家建筑公司进行质量监管。他在建筑工地四处走动，注意到一个木匠正在筑篱笆。他观察到这个木匠将一半的钉子都丢弃了。纳斯尔丁奔过去责问他为什么浪费钉子。

　　"哦，"木匠答道。"这是供应商的错。有一半钉子都是钉帽安错了头。"

　　"你没发现吗？"纳斯尔丁好心地提醒到，"这一半钉子是应该用在另一面篱笆上的。"

揭露真相

一家知名报纸的一位记者打算乔装打扮来揭露公司管理层的欺诈行为；他觉得纳斯尔丁是一个很好的攻击对象。他假扮成一位成功的商人，向纳斯尔丁寻求私人咨询和私下指导。纳斯尔丁同意做他的咨询师，并建议他每周来一次，直到解决他所有的私人问题。

两年后，纳斯尔丁问他为什么一直来，因为他已经很难找到他还有什么私人问题需要解决了。这位假扮的经理人说："我很高兴你认为该结束了。现在我可以揭露你的欺诈行为了。我原先跟你讲的一切都是编造出来的，都不是真的。这充分说明你不过是个江湖郎中一样的顾问。"

"我或许是一位江湖郎中；但你或许真的是一位成功的商人，不过假扮成记者而已。你怎么知道你的读者不会揭穿你，认为你在撒谎呢？"

这位假扮的经理人离开了。后来有报道说他经营着一家非常成功的公司。

你多大了

一家纳斯尔丁为之工作多年的公司的经理人很好奇纳斯尔丁这个智慧的傻瓜到底多大了。其中一位经理人鼓起勇气问他。他很快回答道：

"才刚过 40 岁。"

另一位经理人吃惊地说：

"你十年前就是这么告诉我的。"

"哦，这充分说明我是个言辞一致的人。"纳斯尔丁回答说。

描述现实

纳斯尔丁成了著名的画家，以抽象画而闻名。有一天，在火车上一名旅客和他搭讪。那旅客说：

"你一定是那位著名的画家纳斯尔丁吧?"

"我确实因此而出名的。"他回答。

"但是你为什么不画现实的东西呢?"这陌生人又问。

"怎么画呢?"纳斯尔丁反问道。

吃菜单

"嗯，比如，"那人说，"他们在现实中看起来是什么样子的。"

"抱歉，我不知道你到底是什么意思。"纳斯尔丁回答说。

"像这样。"那人一边说一边掏出钱包，取出一张护照照片，"这是我老婆，就画她现在看起来的样子。"

"这样呀，"纳斯尔丁拿起那张照片，"她看起来又小又扁平。"

［这个故事源自巴伯罗·毕加索① (Pablo Picasso) 的生平事迹，引用在这里说明毕加索也曾深受纳斯尔丁的影响。］

---

① 巴伯罗·毕加索（Pablo Picasso，1881～1973），西班牙画家，现代画派主要代表。代表作品有《人生》、《斯坦因画像》、《欧嘉的肖像》、《格尔尼卡》、《大自然的故事》、《卡门》等。

混沌理论

纳斯尔丁为一家咨询顾问公司工作的时候，该公司的顾问们非常想实践一下"混沌理论"[①]（Chaos Theory）。他们交给纳斯尔丁一本新书，该书描述了混沌理论是如何预见未知事物的。

几星期后，他们问纳斯尔丁是否已经读过这本书了。

"没呢。"纳斯尔丁回答道，"不过我做的远好于读那本书。我将理论付诸实践了。我把书一页一页地喂给了驴子，现在我等着看谁的混沌理论最先实现，是我的、驴子的还是你们这些顾问的。同时我自己也在写一本书，欢迎你们也来进行这项试验。"

[①] 混沌理论（Chaos Theory），系统从有序突然变为无序状态的一种演化理论，是关于确定性系统中出现的内在"随机过程"形成的途径、机制的一种学说。

改变公司文化

纳斯尔丁参加了一家公司的董事会议。董事们问纳斯尔丁怎么改变他们公司的文化。

"你们究竟是想改变什么?"他问。

"公司宗旨,公司标志,我们的行为准则等等。"第一个人回答。

"听起来像一位过气的电影明星试图通过做手术安个塑料假胸来挽回她的知名度。"纳斯尔丁答道。

"不是的。"第二个说道,"我们是想改变我们的行为,改变我们与员工的关系。我们想让员工理解我们。"

"听起来像这位电影明星还想学习演讲课程。"纳斯尔丁言简意赅地回答。

"我的同事都没有解释清楚。"第三个人插嘴道,"事实上比他们理解的复杂。我们想改变已经形成的固有的认识,用新的观点看待问题。"

"老电影明星想配副新眼睛?"

"这不公平。"第四个人说,"我们是要弄清楚员工来这个公司工作的感觉和想法,以及把我们大家联系在一起的动因。"

"哦,"纳斯尔丁回答道,"我明白了。原来是过气的电影明星最后终于决定去看心理医生了。不过,她依然是过气的电影明星。"

4

不要相信包装

许多公司都相信他们的公司前程似锦，因为他们长长的战略企划书里已经描绘了美好的前景。许多咨询顾问之所以受聘于公司，是因为公司看重他们演讲的能力而不是他们执行项目的能力。然而，演讲本身和演讲过程中所陈述的内容是两码事，包装不等于商品。

在我们这个商品社会中，我们已经太过痴迷于演讲和包装。我们通过人们的着装甚至他们衣服的牌子来评判一个人。为了给人留下深刻的印象，我们用各种方法把自己包装起来。以至于在宴会上也往往更关心怎么卖弄精美的餐具和酒水，而不是去认真招待我们的客人。

作为一名顾问，纳斯尔丁要跟我们做一些关于包装的游戏，然后揭示我们是如何崇拜包装而不是商品，注重演讲而不是质疑演讲背后的内容的。

包装信仰

纳斯尔丁参加了一个关于公司信仰的会议。他在会场里走来走去，听到一群经理人在讨论他们公司内部遇到的信仰问题。感觉敏锐的纳斯尔丁对这个话题非常感兴趣，于是停下来听他们的讨论。

"包装和促销部门真的遇到了公司信仰的问题。"其中的一位经理抱怨道，言辞之间透露着傲慢和浮夸。纳斯尔丁停下来说："哦，朋友，但你是否考虑过公司信仰也遇到了你们包装促销部门的问题呢？"

什么是管理咨询师

有人让纳斯尔丁给管理咨询师下个定义。他回答说：

"咨询师是这样一种人：当你问他现在是什么时间，他会先借过来你的手表，告诉你时间，然后为他的这种服务向你收费。而且如果你不小心的话，他还会将你的手表据为己有。"

大智若愚

纳斯尔丁注意到这些人脸上不快的表情，继续说道：

"从你们的表情看，你们似乎曾经吃过咨询师的苦头，恐怕还丢了手表。别担心，我这里还有几块手表，可以卖给你们。"

公司目标

一支高级管理团队在一家酒店花费两天的时间，终于草拟出他们的公司目标。现在他们急切地想把公司目标印在精美的高档稿纸上。

"我建议你们还是用便宜的纸吧，顺便把这份公司目标折成纸飞机。"

经理们迷惑不解地看着纳斯尔丁，要求他给个解释。

"这样员工在收到公司目标的时候就可以节省时间，提高生产效率。"

购买包装

纳斯尔丁被邀请去给一家著名的城市公司作演讲，目的是竞标该公司一个竞争激烈的咨询项目。一星期后，他被告知没有中标，尽管他对该公司存在的问题有着独到的见解，并且具有最好的解决方案。

"你要知道，"人力资源总监解释他没有中标的原因说，"我觉得你的演讲整体上看不够利落。你应该穿一件昂贵的西装，使用设计精美的幻灯片而不是卷角的软草稿纸；再弄些设计精美的小册子会更有帮助。"

六个月后，该城市公司再次和他联系，说原先中标的那个咨询师的工作远不是他在演讲中所表现的那么精彩，所以他们把他解雇了。他们问纳斯尔丁能否再做一次演讲，来陈述他对这个咨询项目的想法，并请他这次务必穿戴整齐一些。

纳斯尔丁很想对他们的慷慨表示感谢，就再次回到董事会为他们做演讲。这次他穿着崭新挺括的黑色西装，他的演讲材料也都用设计精美的 Power point 幻灯片展示出来。纳斯尔丁还为每位在座的董事会成员准备了华丽的小册子。他理所当然地获得了这个咨询项目。

纳斯尔丁开始着手工作的第一天，该公司的董事们吃惊地发现纳斯尔丁本人根本没有出现，而是一辆出租车载着纳斯尔丁的一个大箱子来了。

人力资源总监打电话问纳斯尔丁是怎么回事儿。纳斯尔丁说：

"你们等我干吗？你们已经清楚地表明了你们根本不想雇用我。打开箱子，你们就能看到什么才是你们真正想雇用的。"

人力资源总监放下电话，打开了箱子。他在里面发现了纳斯尔丁的新西装、Power point 幻灯片和制作华丽的演讲资料手册。

纳斯尔丁会议

纳斯尔丁越来越闻名于世，于是他的崇拜者们组织召开了一次世界级的会议，来宣传他所讲过的故事。

在这次会议上，人们讲了许多纳斯尔丁讲过的故事，并且将一些相关话题诸如"讲故事与信仰"、"讲故事与转换"、"讲故事与幽默"、"讲故事与组织"等发挥成一篇篇论文。

当人们问纳斯尔丁既然他所讲的故事已经在世界上得到认可，他对这次会议作何感想时，他说：

"我认为害处不会很大。"

忘记带脑袋了

纳斯尔丁试图签约他的一家新客户公司的一个咨询项目。他经常出现在该公司总部，希望能和该公司的首席执行官谈一次话。

有一天，当纳斯尔丁正要进该公司的总部大楼时，他注意到首席执行官正在他的顶层办公室伸着脑袋俯瞰。可是当纳斯尔丁到达首席执行官的办公室的时候，秘书却告诉他首席执行官已经出去晨练了。

"那么请你通知你的老板，"纳斯尔丁礼貌地说，"他以后出门的时候别忘记带着自己的脑袋。"

5

非此非彼：双重领导能力之外

多年来我参加过各种公司的执行和管理层会议，我发现这种会议最浪费时间的就是"或者……或者……"（还是……不是……）之争。几乎每个公司都有自己的版本。有些公司是："我们应该自然地发展壮大呢还是收购别的公司呢？"有些公司是："我们应该集权还是分权管理？"或者："我们应该根据产品、地域还是客户类型来组织公司结构呢？"

基于这些经验，我逐渐总结出一种"或者法则"，可以解读为："如果你开始第三次'或者……或者……'的争论，那么你一定在问一些错误的问题。"基于别人的工作——比如管理大师查尔斯·汉普顿—特纳[①]（Charles

---

① 查尔斯·汉普顿—特纳（Charles Hampden-Turner，生年不详），英国剑桥大学管理学教授。著有《全球七大富邦：卓越经济体的文化精髓》、《跨越文化浪潮：理解全球化经营中的文化差异》等。

Hampden-Turner，1990)，我发展了一些解决这些公司进退两难境地的方法。这需要了解和肯定双重需求的正确性，但在讨论的过程中需要指出双重解决方案都有不足和不完美之处。这样继续进展下去就只能找到一种新的解决方案，这种解决方案还没有被想出来，但是这种新的解决方案一定能满足两个极端的双重需求。

后来我发现这种思考方法还有历史的渊源，比如印度的"非此也，非彼也"（neti-neti）的思维方式，古希腊苏格拉底的对话，以及黑格尔辩证法都曾存在。甚至在基督教的说法"万能"之中，也包含有这层意思——"万能"的意思是保持平衡，包容两个相反的极端。

纳斯尔丁或许是个傻子，但他又是个"万能"的人，能够包容对立的"或者……或者……"的争论，能够理解对立因素里的巨大关联性。他也能够指出跨越双重领导能力的解决方案。

史蒂文·B.桑普尔① （Steven B. Sample）在他的著作《卓越领导的思维方式》（The Contrarion's Guide to Leadership，2002）中，建议领导者发展一种他称作"灰色思考"

---

① 史蒂文·B.桑普尔（Steven B. Sample，生年不详），美国南加州大学第十任校长，电子工程师、音乐家、户外运动爱好者、教授及发明家。著有《卓越领导的思维方式》等。

（gray thinking）的能力，即理解一个问题的不同侧面的可能性，而不是将问题分化为两个对立的极端。还有些人认为应该将"或者……或者……"的思维方式转换为"既……也……"的思维方式。我对上述两种建议都持赞同的态度；但是我觉得他们的建议依然把我们卡在双重想法之间。如果要进一步解决问题的话，我们就得包容对立的双方，顶住压力，直到从双方对立的关系中升华出一种跨越双方框架的新的可能性。纳斯尔丁曾经指出，如果要理解为什么 1+ 1= 2，除了要理解数字的特性，还要理解"+"号的特性。

比尔·托伯特[①]（Bill Torbert，2004）已经指出，现在越来越需要能够包容对立双方并且能够找到同时解决对立双方问题的领导。他和他的助手们对美国和欧洲大公司的领导进行了一系列研究，发现只有很少一部分领导人能够达到他所谓的"审问型的战略家"（strategist-integrator）的领导水平。当这些个人的能力达到这种领导水平的时候，他们就能够在对立的现实里根据自己的理解得心应手地找到解决问题的方法。这使得他们能够在冲突的环境里工作而不至于顾此失彼，相反，他们能找到一个更高层面的解

---

① 比尔·托伯特（Bill Torbert，生年不详），美国学者。著有《行为调查：及时转型的领导秘诀》等。

决方案。

并不是所有成功的领袖都需要形成这种领导能力。但是从托伯特的观点来看，我们认为，那些有着三个或者更多标准模式或者股东、合伙人复杂或者联盟混乱的大公司，需要一些能够达到这种领导水平的领导人。同时，一个转变过程中的公司，不仅公司战略发生改变，公司文化也发生变化，这样的公司也需要具有此种领导能力的领导人。

观察这样的领导人的行动，我们注意到他们往往能把将来需要谈及的情况与目前发生的一切联系起来。我们听到他们能把自己的观点解释得让另一部分持不同观点的人完全理解。我们发现这样的领导人往往能够作出新的假设，而不是固定在既有的假设上争论不休。我们还发现这样的领导人能够使用反语和幽默进行一些非常规的联系，从而改变人们固有的思维习惯和情绪。

几乎没有人天生具有这种能力。绝大多数人都需要通过学习形成这种领导能力。其中一条学习途径就是拜纳斯尔丁为师。

太阳或者月亮

有人问纳斯尔丁，太阳和月亮哪个更重要。令人奇怪的是，他竟然说很显然是月亮重要。于是，在场的人要求他给个解释。

"啊，太阳只在白天出来，而白天我们有充分的光亮；可是，月亮却是在黑夜里给我们带来光明。"

公司内部的牢骚

有一次，纳斯尔丁被叫去调解一个老板和他的下属之间的怨恨。认真地听下属陈述了他的老板如何虐待他之后，纳斯尔丁非常感动地说：

"显然是你有理。"

老板生气了，就开始辩解他是如何尽力替下属着想，希望能够配合，结果却得不到下属的任何反应。纳斯尔丁也非常同意他的逻辑，说：

"你说的也在理。"

人力资源总监沉不住气了，又不解又生气，朝纳斯尔丁喊道：

"纳斯尔丁先生，你这做的是什么调解啊？你说他俩都有理，可是你总得判断出谁对谁错吧?"

"嗯，你说的也很有道理。"纳斯尔丁说。

公司重组

一家中型公司聘请三位顾问来帮助他们重组公司。三位顾问就根据职能、地域、客户类型来设置多少管理层和职能部门等问题争执不下，于是该公司又找纳斯尔丁来解决他们的冲突。

听了三位顾问各自就自己的解决方案所做的精彩陈述，纳斯尔丁想了一会儿，然后要来了一块大蛋糕和一把小刀。

三位顾问和公司董事们看着纳斯尔丁把蛋糕先切成一块一块的，然后又削成一层一层的，最后又沿对角线切来切去。

纳斯尔丁看着被自己弄得乱七八糟的蛋糕盘，抬起头来说：

"很抱歉，如果采取你们的计划，整个公司最后就成了乱糟糟的一盘散沙了。"

属于哪一边

纳斯尔丁曾经是制造业一家大型跨国公司的管理总监，监管着俄罗斯和芬兰交界处的一家工厂。一切都风平浪静，直到有一天这两个国家就领土边界问题起了纷争。

两个国家都想拥有这家工厂。

最后，他们问纳斯尔丁究竟这个工厂是属于哪个国家境内的。

"芬兰。"纳斯尔丁毫不犹豫地回答。

"为啥?"俄罗斯官员不高兴地问道。

"我和我的员工都受不了俄罗斯的寒冬。"纳斯尔丁回答说。

6

自我认识

  我们很多人一生中都要花费大量时间试图发现自我，探得我们到底是什么。尤其是最近几年，在所谓的"发达的西方"（developed west）国家，涌现了大量的与发现自我有关的工作室、会议、书籍和电影，有些是从心理方面，有些是从信仰方面。我本人在这些领域工作多年，逐渐意识到这是个矛盾：就是我越想找到自我，反而越是迷失自我。这个矛盾似乎在许多神话传说里也有神奇的体现，比如要找的就是正在寻找的那个人，眼睛是看不到自己的，等等。

  《圣经》里说只有那些愿意失去自我的人才能找到自我。我们越是想找到自我，反而越和自我疏离，越难于发现真实的自我。

  最近，我和一位公司顾问的谈话再次提醒了我这一点。这位顾问说，尽管他们公司有着远见卓识和无与伦比

的经验，可他们的工作业绩总也达不到预期目标。他们征求我的意见，我告诉他们我注意到当他们遇到新客户时，总是迅速地以各种方式展现他们的与众不同。我说你们应该换一种方式向客户展现你们自己，确保客户认识到你们确实有着不同凡响的背景，但一定要换一种陈述方式。他们回答说，他们认为强调他们的与众不同是很重要的，这样才不会泯灭客户对他们公司的印象，总之他们公司就需要与众不同。然后他们又说，他们公司所聘的顾问也应该和他们保持一致，真实地面对他们的客户，这对他们同样重要。我很疑惑，到底我们应该对谁、保持什么样的真实？是名片上描述的真实，是经常夸大的个人简历里的真实，还是我们在自己的角色里所扮演的真实？同时我也觉得，在我们做所谓"真实的自我"的时候，其实很容易变得对他人不真实，从而形成工作中的障碍。

纳斯尔丁跟我们这种对自我的僵化认识开了很多善意的玩笑。如果我们愿意，他会帮助我们解放这种僵化的思维，并让我们得到新的认识。

你能证明自己的身份吗

纳斯尔丁去了一家不常去的银行，要求从账户上取一大笔钱。银行职员起了疑心，就礼貌地问他：

"您有什么东西能证明您自己吗？"

纳斯尔丁把手伸进他长斗篷的口袋里，只摸出一面华丽的镜子。他举起镜子努力地朝里面看了看，欢呼道：

"啊，没错，这就是我！"

你有多重要

纳斯尔丁经常失业挨饿。有一天，他游荡到一家酒店，发现一个高级管理团队正在那里吃一顿丰盛的午餐。他走进去，想蹭点儿白食。

唯一空着的座位挨着公司执行总裁，纳斯尔丁就挨着总裁坐下来。尽量表现得不起眼。但是执行总裁还是转向他，坚持地问他是谁。

"你是不是一位重要的董事级的顾问？"

"不是，我比董事顾问级别高。"纳斯尔丁回答道。

"那你是另一家公司的执行总裁？"

"不是，比执行总裁的级别高。"

"难道你是微服私访的董事会主席？"

"不是，我的级别还要高。"

"那你一定是上帝了。"总裁讽刺道。

"不是，比那级别还要高。"

"没有什么东西比上帝级别高！"总裁嚷道。

纳斯尔丁冷静地答道："现在你总算搞明白了。我就是你所说的什么都不是的东西啊。"

〔这个故事是我的朋友卡姆兰·扎哈比安（Kam-ran Zahabian）讲述的。〕

他把细胞拉下了

元旦的时候，纳斯尔丁邀请几个朋友来家做客。

有一天吃晚餐的时候，他告诉朋友们自己正在读一本叫做《新科学》的书，这本书讲了细菌在这个星球上的革命性的作用。他还说每个人身上都包含有不同领域的细菌。

"细菌和细胞的差别是什么？"其中一位朋友问道。

"细胞就是你；细菌不是。"第二位客人回答道。

　　纳斯尔丁对此迷惑不解。最让他迷惑不解的是书上还说人每天要脱落 10 万个细胞，这些细胞几乎都变成了房间里的灰尘。他很焦急地给已经返回伦敦的朋友们打电话，他在电话里问第二个客人的妻子：

　　"你丈夫怎么样？你确定他真的没事吧？"

　　"你为什么这么关心啊？"她问。

　　"因为他没有意识到，他身上的 20 万片碎屑还在我的房间里四处飞舞呢。"

宇宙的中心

　　一家酒店的酒吧里正在进行一场关于宇宙中心位置的讨论。许多"专家"竞相陈述他们的观点和证据。有人看到纳斯尔丁安静地坐在一个角落里听大家辩论，就建议大家停下争论问问他对这个问题的看法。

自我认识

"纳斯尔丁，你是智慧的老人，你认为宇宙的中心在哪里?"

"很简单，"纳斯尔丁回答说，"宇宙的中心位于下一个支付我薪水的公司。"

机场书架

纳斯尔丁在候机室等待航班的时候，很奇怪地发现一个书架上有一本讲述他生平事迹的书。他拿起来一边读，一边四处走动，一边哈哈大笑。

学习的特性

在西方的教育中，我们经常把学习混淆为获得资料信息。上学的时候，我们认为学习就是记忆事实并不断背诵，直到通过考试。"现在，我要的就是事实。除了事实，其他什么也不要教给孩子们。生活只需要事实。"狄更斯《艰难时世》① 里的葛莱恩②先生如是说。

因为大家都认为是这样，所以专家们就被奉为装满知识的罐子，我们只能虔诚地跪在他们的脚边，满怀希望地等待他们把罐子里的知识倒进我们空空的杯子里。知识，成了一种可以计价和衡量的商品。

纳斯尔丁认为这样看待知识很可笑。他告诉我们，知

① 《艰难时世》（*Hard Times*），英国作家狄更斯（Dickens，1812～1870）的长篇小说。发表于1854年，主要描写某工业市镇的生活。

② 葛莱恩（Gradgrand），《艰难时世》中描写的人物之一，是一位退休的五金批发商人、国会议员兼教育家。

识存在于关系中，没有单纯的个人专家。他还说，知识在我们自己消化的经历里，而不是像我们认为的那样存在于课本上。

印度诗人加皮尔①（Kabir）曾经非常精确地表达了这个意思：

你神圣的池塘里除了水什么也没有，
我清楚地知道这一点，因为我曾经在那里游弋。
所有木头或者象牙雕刻出来的神像都不会说话，
我清楚地知道这一点，因为我对他们哭诉他们都置之不理。
神圣的东方之书不过是些文字，
我一天内侧身躺着就将它们阅读完毕；
如果你没有经历过，说出来也不足为信，
加皮尔在这里说的都是他的亲身经历。

《加皮尔之书》（The Kabir Boor）

罗伯特·布莱整理，1997

许多公司都曾经满怀希望地进行知识管理，最后却是

---

① 加皮尔（Kabir，1440~1518），印度诗人、禅学家。

集聚了一仓库几乎从不阅读的案卷文档。这种情况，当年诗人艾略特[①]（T. S Eliot）也曾经预见过，他写道：

我们把智慧丢进了哪些知识里？

我们把知识又丢进了哪些信息里？

T. S. 艾略特《岩石》（The Rock）

了解知识的不同层级的各种因素是很重要的：

- 智慧
- 理解
- 知识
- 信息
- 资料

学习就是将低层级的因素转化并创造为高层级的要素。正如一位古代波斯人所写的那样："没有智慧的知识犹如没有点亮的蜡烛。"真正的学习是要点亮灯芯，让我们的思想燃起火焰。纳斯尔丁就是一个有用的"纵火者"。

---

① 艾略特（Eliot，1888～1965），英国现代派诗人，文艺评论家。著有《荒原》、《四个四重奏》、《诗选》等。

完成学习了

一位父亲兴冲冲地挥舞着一封信，朝纳斯尔丁跑过来。"我刚刚得到消息，我儿子 MBA 毕业了！他终于完成学业了！"

"先生，安慰你一下吧，"纳斯尔丁说，"我敢肯定，智慧无穷的上帝很快就会送给他更多东西，让他继续学习的。"

这里有更多启示

　　纳斯尔丁的徒弟在协助他执行一项关于一家大公司的公司文化研究。徒弟们发现纳斯尔丁整日伏案研究一堆堆该公司员工的心理测试卷，忙着对不同侧面的心理测试题所反映出的问题进行复杂的分析。

　　"可是，纳斯尔丁，"其中一个徒弟嚷道，"你已经教育我们很多次，说公司文化不是存在于个体的心理里，而是存在于个体之间，公司的各个分部之间，以及公司与股东和环境的关系之中。"

　　"说得很对，记得很牢。"纳斯尔丁回答说，然后又埋头去研究那堆积如山的文件。

　　"如果我说的对，那你为什么还要研究这些个体的心理测试卷呢？还要埋头在实验室而不是去公司活生生的日常生活中找答案呢？"

　　"哦，"纳斯尔丁说，"你没有看到这里有很多活生生的可研究的资料吗。"

师从专家

有一次，人们问纳斯尔丁他是怎么靠自修成为一位公司顾问的。纳斯尔丁讲了一个故事，作为回答。

许多年之前，我很想找到一条快速致富的道路。一个朋友告诉我，最好的办法就是投资翡翠。他还说，最好是高档次的翡翠，否则就是浪费投资。问题是，我怎么才能学会判断优质翡翠和劣等家伙的区别呢？

我决定找到这个领域最好的专家。所有人都给我推荐了同一位公认的高级老师，于是我就去找他。

"没问题，我当然可以教你识别高质量的翡翠。"他告诉我。我问他得花多长时间来学习，他回答说："我只要五天就可以教会你，不过你得支付高达 10000 美元或者5000 英镑的学费。"

这听着的确价格不菲。但是鉴于他是世界上最好的专家，我想即使短短五天我也能从他那里学会不少东西，所以就跟他签了协议。他告诉我，从第二天起，每天早上 9点至 10 点之间来他家学习。

一个小时的学习时间对于这么昂贵的培训费来说也未免太少了；但是第二天我还是忍耐不住来到了他家。他把

我领进一个放有一张长木桌的房间里，桌子中央放着一大块碧绿的翡翠，两端各放着一把椅子。老师坐一端，我坐一端。

"看看这块翡翠。"老师严肃地指教道。

我盯着翡翠看啊看啊，等着他会告诉我到底应该看什么；但是他始终没有开口。直到一小时结束后，他才宣布说："今天的课程已经结束了；我们明天上午9点见吧。"

我感觉我的第一堂课匆匆而过，我什么也没学。但是，我坚信，他第二天会告诉我点什么。

第二天，同一时间，同一地点，我跟老师面对面坐在一块新翡翠面前。"看看这块翡翠。"老师像昨天一样严肃地说。我在那里看啊看啊，越来越渴望老师能告诉我应该注意看什么。但老师的嘴唇连动都没有动一下。一小时后，他像昨天一样告诉我课程结束了，让我次日再来。

第三天的情况和前两天无异。我压制住日益膨胀的怒火，告诉自己说：这是一位人人称道的专家，他一定是在等我看了几块不同的翡翠之后才会给我讲翡翠的差别。从明天起，他肯定会告诉我如何分辨不同翡翠的颜色、质地以及翡翠不同侧面的边沿。

可是第四天依然如故：依然是一块新翡翠，沉默地看了一小时。

周五我去上最后一次课，一心只盼着他能给我讲点什么。整个培训马上就要结束了，我这高昂的 5000 英镑就要在短短的最后一小时里见效了。

令我吃惊的是，课堂依然是在同一个房间，又放着一块新石头，然后又是严肃的教导："看看这块翡翠。"

我看着那块石头，急切地盼望着老师能在最后一刻传授给我智慧。十分钟后我就再也忍不住了。我终于失去了耐心。我对着老师嚷道：

"到目前为止我已经花了 4000 英镑，今天还要再花 1000 英镑。但是直到今天，你除了叫我看这些不同的翡翠什么也没教我。更可气的是，你今天在桌子上放的这块翡翠根本就不是真的。"

［这则故事来自佛教禅宗，我很感谢托尼·维尔顿（Tony Wheildon）给我讲这个故事。］

聪明何来

一天，有人问纳斯尔丁："你是怎么变得这么聪明的？"

"很简单"，他回答说，"我只管说很多话，当我看到人们同意地点头的时候，就把这些话记下来。"

总结发言

纳斯尔丁在公司学习领域是位知名的专家，所以一个专业协会的委员会决定邀请他参加下届会议进行发言。

委员会主席长篇大论地把他介绍给听众后，纳斯尔丁站了起来。

"你们知道我要讲什么吗？"他问。

这些从来都只当听众的听众们众口一词地喊道："不知道！"

"你们没有任何准备，那我就不讲了。"纳斯尔丁一边说一边坐了下来。

委员会因为这件事收到听众的大量投诉，非常生气。委员会主席说："我们不能让这个无赖比我们好过。下届会议一定还要邀请他来发言。"碍于委员会主席的面子，委员会同意了这个决定。

会议再次召开，所有的听众都做好了准备，因为他们知道上次会议的尴尬。主席介绍了纳斯尔丁之后，纳斯尔丁站起来说，"你们知道我要讲什么吗？"

听众马上喊道："知道！"

"那我就没必要讲了。"纳斯尔丁一边说一边冷静地

坐下来。

"这太过分了，应该把他驱逐出委员会。"委员们中场休息喝咖啡的时候说。但是委员会主席非常固执："不行，我们明年还得邀请他进行总结发言；然后我们才能判断他究竟是什么样的人。"

翌年的会议如期召开。纳斯尔丁站起来问："你们知道我要讲什么吗？"

按照委员会主席的交代，一半的听众答道："知道！"另一半听众答道："不知道！"

"那知道的人告诉不知道的人不就得了。"纳斯尔丁一边说一边离开了会场。

学习的速度

一位管理总监读了关于公司生存的达尔文法则，该法则称公司学习的速度必须等于或大于环境变化的速度，否则就无法生存。于是他焦急地来找纳斯尔丁：

"你能帮助我们比环境学习得快吗？"

"当然可以，"纳斯尔丁回答说，"告诉我谁是颁奖人，我也要参加这场赛跑。"

8

反向学习：不去认知

本书关于学习的那一章是这样结尾的：

> 一位古代波斯人这样写道："没有智慧的知识犹如
> 没有点亮的蜡烛。"真正的学习是要点亮灯芯，让我们的
> 思想燃起火焰。纳斯尔丁就是一个有用的"纵火者"。

这一章将要讲述的是"反向学习"（unlearning）的过
程。作为一个正在成长中的孩子，学习对于帮助他认识社
会、培养技能和自立自强具有非常重要的意义。对于一个
正在发展中的公司，学习也具有同样重要的作用。然而，
对于一个已经成熟的人和公司，学习新知识并不足以让他
具有适应环境变化的敏捷性。因为这个时候我们学习新知
识就好像把新的资料和信息填充在陈旧过时的认识框架
里，这陈旧过时的认识框架已经深深烙印在我们身上，是

— 85 —

在过去的时间里努力学习的结果。而且有些认识框架已经变成我们意识不到的第二种性格特点。

十年前我在英国第一届"学习型公司"（The Learning Company）会议上发言时，号召人们深刻认识一个公司不断学习的重要性；十年后我又回来做演讲，这次是警醒人们过于沉迷学习的危险以及反向学习的重要性。我告诉人们，相对于成千上万的关于如何学习的书籍和报纸，我们这个求知欲很强的社会其实对于如何"反向学习"的研究非常之少；尽管如此，我还是找到几位作家对"反向学习"所下的定义。

波·海德伯格[①]（Bo Hedberg）教授对于"反向学习"是这样写的：

> ……这是一个学生扔掉知识的过程。

他继续写道：

> 我们对于公司的反向学习和个人的反向学习的差

[①] 波·海德伯格（Bo Hedberg，生年不详），瑞典斯德哥尔摩大学商学院教授。与其博士班学生 Richard Gatarski 发表了多篇极受学术界注视的论文，探讨在资讯科技冲击下，未来二十五年的市场模式预测，并结集成书名为 The Market in 2019。他将组织学习分成三种形态——适应型学习、转换型学习、改变型学习。反向学习，或译"反学习"? 无相关介绍。

反向学习　不去认知

别还知之甚少。

他也在他的著作里探求并指出，那些太过于成功的公司其"反向学习"的动力更容易受到阻挠。

那些深受自己的成功毒害的公司，即使对它们不断学习的知识没有肯定性，也往往不能够反向学习。

马区和欧尔森① （March and Olsen，1976）也写道：

有时候公司应该把他们的记忆当作敌人。

我把上述三人的定义相加，得出我自己的定义：

反向学习就是公司打开他们公司文化进化的枷锁的过程。

对于反向学习重要性的理解，已经成为许多精神传统的一部分。我曾经在论文里援引几位伟大的精神导师的话。

———————

① 马区和欧尔森（March，Olsen 生年不详），美国管理学家。提出"组织选择的垃圾桶决策模式"。

大智若愚

首先是印度哲学家克里希那穆提[①]（Krishnamurti，1954），他是戴维·玻姆[②]（David Bohm）的精神导师，他写道：

你能记起未知的东西吗？你只能记起你已经知道的东西。时下的世界有太多反常的现象发生。我们总认为只要我们有更多的信息，更多的书，更多的事实，更多的印刷品就可以了解世界。

很明显，已有的知识和继续学习对于理解新的、超越时空的、永恒的东西是个阻碍。

绝大多数的我们都太痴迷于知识和学习，认为只有通过学习才能变得富有创造力。

哈兹拉特·伊那亚特·康[③]（Hazrat Inayat Khan，

---

① 克里希那穆提（Krishnamurti，1895～1986），印度哲学家，被誉为"20世纪最卓越的心灵导师"。他主张真理纯属个人了悟，一定要用自己的光荣照亮自己。他一生的教诲皆在帮助人类从恐惧和无明中彻底解脱，体悟慈悲与至乐的境界。他的演讲录及著作已超过70本，并被翻译为各国语言。代表作品有《世界在你心中》、《生命之书》、《认识你自己》等。

② 戴维·玻姆（David Bohm，1917～1992），英国物理学家、科学思想家，现代全息理论之父。著有《量子理论》、《现代物理学中因果性与机遇》、《论对话》、《整体性与隐缠序》等。

③ 哈兹拉特·伊那亚特·康（Hazrat Inayat Khan，生年不详），著有《苏菲的讯息》等。

1972）也说道：

> 精神的成就是通过反向学习的过程得到的。
>
> 人们往往使得他们的信仰僵化……尤其是当他们把自己钉死在他们的信仰上的时候，情况会更糟。
>
> 在 100 个来求助于精神指导的人中，90 个人都有这个问题……他们不想放弃他们自己的观点，却总是千方百计地试图证明他们原来的观点是正确的。
>
> 要获得精神成就，从头至尾，它都必然是一个放弃已经学习到的知识的过程。不过怎么才能放弃已经学到的知识？已经学到的知识存在于这个人本身。人通过学习变得更加智慧。越是智慧的人越是能否定自己的观点。不够智慧的人却总是坚持自己的观点。最智慧的人往往能够听取别人的意见，屈从别人的观点；最愚蠢的人总是顽固地死守自己的观点。

纳斯尔丁运用幽默和出其不意的方式，将我们从我们错误的顽固中解放出来，鼓励我们反向学习，从而创造并进入一个智慧的境界。

你要去哪儿

纳斯尔丁在一家高级安全防护公司工作过，经常午后12：45出去散步。这样过了几天后，就引起了公司保安的怀疑。所以有一天他出门的时候，保安主任就搭讪着问他去哪里。

"我不知道啊。"纳斯尔丁说。

这个回答让保安主任更加疑心。

"别跟我装蒜。"保安主任说，"你经常午后12：45出去。你最好告诉我们你去哪里了。"

纳斯尔丁一脸无辜地摊开双手说："我真的不知道。"

保安主任知道只有一种方法能对付这种不合作的态度，他把纳斯尔丁带进他的办公室，锁在那里，然后去叫警察。

保安主任和警察局长一起来到关押纳斯尔丁的办公室，他们审问纳斯尔丁为何不老实交代他去哪里了，还质问他为什么老是撒谎说"不知道去了哪里"。

纳斯尔丁抬起头说：

"但是我真的不知道我去的地方是我被关押起来的办公室啊。"

最大的罪恶

有一次，纳斯尔丁组织公司的高层管理人员参加一个关于道德价值观的会议。他鼓励所有的与会者都将自己以前做过的不道德的事情讲出来。第一位经理人首先勇敢地站起来，说他曾经和一位同事的妻子有染。

第二位经理人有些不以为然地说：

"你的罪恶简直微不足道，我比你差劲多了。为了保住工作，我在工作业绩上向全体董事和股东撒谎。"

第三位经理人不以为然地站起来挑衅道：

"偶尔撒个谎算什么？我干的事情比你们都龌龊多了。我当初为了自己开公司，离开原东家的时候带走了他所有的客户。"

第四位经理人站起来，冷静地描述他以前习惯性地偷公司的钱，并且现在还一直在偷。

只有纳斯尔丁没有一点儿可以和他们分享的经验。于是他们就问他：

"纳斯尔丁，你做过什么亏心事啊？"

"我做的事情比你们的都更邪恶。"他说，

"那你做过什么啊？"他们急切地问。

"不过不是我已经做过的，而是我将要做的事情。"纳斯尔丁说，"你们看，我是一个喜欢到处传闲话的人，我现在迫不及待了，想回去把今天下午听到的一切告诉每一个人。"

杯子太满了

有一天，一位非常知名的咨询师兼作家来找纳斯尔丁，请求他做自己的导师。

"我没有什么可以教给你的了。"纳斯尔丁回答说。

"别谦虚了！"那位知名的咨询师说，"人们告诉我，像我这种在咨询领域已经成为专家的人物，只有您配做我的老师。"

　　纳斯尔丁耸了耸肩膀同意了，然后邀请这位咨询师去喝茶。他小心地铺好桌子，拿出最好的茶具开始沏茶。沏好茶后，他开始往杯子里倒茶，倒啊倒啊，直到茶水溢出杯子，流了满满一桌子。此时，那位顾问跳起脚来叫道：

　　"别倒了，你这个傻瓜！你没看见杯子太满了，已经倒不下了吗？"

　　"哦！"纳斯尔丁说，"我知道我得先把杯子倒空才能继续倒茶进去；但是杯子很容易倒空，成功的咨询师可不容易啊。"

你要点什么吗

有一次，纳斯尔丁和一群经理人离家在外工作，中午的时候他们问他：

"我们要去商店转一圈，你要我们帮你带点什么吗？"

"嗯。"纳斯尔丁说。

"带什么？"

"带个理过的头发吧。"

宫殿还是旅馆

　　纳斯尔丁长途跋涉，疲惫不堪，正想找个旅馆歇脚。就在这时，他来到了国王的宫殿门前。他不看门卫，径直走了进去，来到一座隐蔽的小花园。碰巧，国王也正在小花园凉爽的晚风里散步。

　　"请给我个房间让我住一晚好吗？"纳斯尔丁问道。

　　"这是我的宫殿，可不是旅馆啊。"国王看到他吃惊地说。

"在你之前，谁在这里住啊?"纳斯尔丁问。

"我父亲。"国王说。

"再之前呢?"纳斯尔丁又问。

"哦，我祖父。"国王说。

"那，你看，这个地方也是人们住住就走了，你怎么敢骗我说不是旅馆呢?"

[这个故事是我的朋友卡姆兰·扎哈比安（Kamran Zahabian）讲述的。]

谁是白痴

纳斯尔丁退休后隐居小山村。他每天坐在村子的小广场上，看岁月的日出日落。

有一天，一辆美国大轿车开进村子，停在了纳斯尔丁的身旁。车窗打开了，一个美国人扯着嗓子朝纳斯尔丁喊道：

"你知道去维也纳的路吗？"

"我不知道。"纳斯尔丁回答说。

"那么你能给我指条这山里的路吗？"

纳斯尔丁再次回答说:"不知道。"

这个美国人有点不耐烦,叫道:"你至少能告诉我怎么走出这个村子吧?"

"也不知道。"纳斯尔丁继续回答。

美国司机生气了,嚷道:

"你是白痴吗?"

纳斯尔丁冷静地回答说:

"我大概是个白痴;但至少我没有迷路啊。"

9

失败的价值

"你最有意义的失败是哪一次？"

我永远也不能忘记面试中被问到这个问题时的吃惊。我只准备长篇大论地讲述自己过去的成功，但失败这种东西在面试过程中我是要想方设法地隐藏、否认和忽略的。

那时候我还不知道纳斯尔丁讲过失败是成长过程中学习新知识的必备途径；也不知道葛雷格里·贝特森（1973）曾经指出过所有的学习都是"随机的"，——就知识是从尝试和失败中获得的。然而，现在我们西方的信仰却是要求不犯一点错误地尝试。

我工作过的一家公司非常善于对他们的变革计划进行模拟的战略性分析。他们能天衣无缝地设计好一个变革项目，精准地考虑到变革中的每一个必备要素。在执行这项模拟变革的过程中，他们的公司文化要求所有执行者的工作都必须达到尽善尽美、无一疏漏。他们的模拟项目总是

— 101 —

执行得很成功，但他们从中学习不到什么新东西。之后，当他们实际在公司推行这个项目的时候，总是不可避免地遇到阻力和问题，而这些阻力和问题都是项目模拟过程中所不曾遇到的。这时候他们又认为，是他们对模拟项目的错误分析导致了这样的结果。因此，他们改变项目设计，重新使用他们熟知的技能设计一个新的模拟项目，美其名曰分析和改变设计。

还有一家公司，在进行了一场艰难的谈判协商之后，制订并推出了一个新的变革计划。我被带到一边接受严肃的训诫："你在这里只能失败一次。"很显然，这是我在这家公司工作四周之后的最后一次被训诫。我说："哦，我认为铁定还会出问题。""为什么？"他们问道。"通常我在为一家公司找到最佳解决方案之前都要失败八九次。为了找到最好的解决方案，我还得在这儿失败好几次呢。"

当有人问我当初爱迪生失败了那么多次还没有找到发明灯泡的方法他是不是很失望时，我刻意减弱了他对失败的强调，回答他说：其实爱迪生不是经历了99次的失败，而是成功地发现了99种不能发明电灯泡的方法。一个公司的失败法则应该是：

"失败是重要的；但是它的重要性在于从失败中学到的新知识的价值远远大于失败本身的损失。"

成功的意味

纳斯尔丁和一群管理顾问去参加一个会议。别的管理顾问都住最贵的酒店，每天晚上到最贵的餐厅用餐，只有纳斯尔丁坐在会议大厅干巴巴地啃面包和奶酪。

纳斯尔丁的一个同事走过来说：

"如果你能学会讲那些公司愿意听的话而不是表现得跟他们对立，他们就会给你更高的薪水，你也用不着一个人在这里可怜巴巴地啃面包和奶酪了。"

纳斯尔丁回答说："如果你们能学会吃面包和奶酪，你们就用不着浪费时间讲那些你们认为公司想听的话了。"

名声和失败

纳斯尔丁成功地出版了许多书。在他的一个签名售书会上，有人问他是否已经发现了写作的艺术。他回答说：

"我只管写，直到写完第三本书，我才发现其实我根本没有写作的天分。"

"那个时候你没有放弃写作改行干别的吗？"

"没有，"纳斯尔丁回答说，"那时候我已经太出名了，改不了行了。"

一次性做对

有一次，纳斯尔丁被邀请去参加某公司的一个关于提高产品质量的项目。他在车间里走动的时候，听到人们在高呼："一次性做对——每次都做对——零差错。"

纳斯尔丁转身对公司领导说：

"这些工人真可怜，被剥夺了从差错中汲取经验教训的权利。我敢肯定，上帝一定注意到他们被剥夺了这种权利，然后会重新赋予他们这种权利的。"

罚款小费

纳斯尔丁住在一座小城的时候，大部分市民都认识他。有一天，他停了车再回去开车的时候，发现停车场的女保安已经在他的车上贴了一张罚款单。

纳斯尔丁赶紧上前追上女保安，热情地和她握手，立刻付了罚款，外加 10 元的小费。

停车场的这位女保安吓坏了。起初她以为纳斯尔丁要贿赂她，可她发现他已经付了罚款，没必要贿赂啊。她试图把小费还给纳斯尔丁，并向他解释这完全没有必要。纳斯尔丁却提高声音回答说：

失败的价值

"我坚持您一定要收下小费。作为这个小城的市民，我很高兴看到您工作如此尽职尽责，您在我的车上放罚单是完全正确和恰当的。"

年轻的女保安十分尴尬，旁边已经聚集了一群围观的人。她抬起头，也坚定地大声说：

"纳斯尔丁先生，您多给我钱是不对的。您只要付清罚款就足够了。"

纳斯尔丁再次把小费扔回到女保安的手里，进一步提高嗓门，几乎是在做演讲，赞扬她如何恪尽职守，人们应该记住她的负责任的行为。

最后，年轻的女保安不堪忍受这种场面，只好拿着小费溜掉了。围观的人们都赞扬纳斯尔丁付小费的慷慨大方。

停车场的其他工作人员听说了这件尴尬的事情后，他们都决定坚决不让这种尴尬发生在自己身上。从此以后，即使纳斯尔丁每次停车都越位，他们也都远远避开，视而不见。

不用说，纳斯尔丁靠着逃避停车罚款就积攒了好大一笔财富。

[这个故事是我的德国同事阿茉莉·温哈斯—图瓦特（Amelie Winhard-Stuart）根据她父亲的经验讲的。她父亲并不知情，但她父亲也是纳斯尔丁的追随者。]

10

发展领导能力

上一章主要讲了失败对于学习和发展的重要性，现在我们进一步讲发展领导能力的其他方面。我过去一直认为伟大的领导都会尽力避免失败，可是后来我越来越多地接触到伟大的领导，听说并阅读他们的故事，结果发现他们遭遇的失败往往比常人更多。他们与常人的区别在于他们面对失败的能力，他们从失败中学习经验，然后摈弃失败本身，从失败中走出来继续前进。

关于领导能力的著述并不鲜见。事实上，沃伦·本尼斯[①]（Warren Bennis）——一位因写领导能力而成功的作

[①] 沃伦·本尼斯（Warren Bennis，1925－ ），美国当代组织理论、领导理论大师。他曾是四任美国总统的顾问团成员，并担任过多家《财富》500强企业的顾问。1993年、1996年两度被《华尔街日报》誉为"管理学十大发言人"，被《福布斯》杂志称为"领导学大师们的院长"，《金融时报》则赞誉他"使领导学成为一门学科，为领导学建立学术规则的大师"。著有《变革组织》、《领导者》、《如何成为领导者》、《杰克与怪杰》等。

家——曾经说过，领导能力是图书市场继性和美食之后的第三大卖座主题。关于领导能力的主题大多在强调英雄人物一样的领导，就是那些负责最高层的管理并对公司发展有着决定性作用的人物。然而最近，我发现这一主题的图书有了一个健康的转变——就是越来越认识到"沉静领导"〔Leading Quietly，巴达拉克①（Badaracco），2002〕、"集中领导"〔Collective Leadrship，本尼斯（Bennis），1996〕以及领导能力存在于公司的各个阶层。而且，这一领域也意识到领导能力存在于领导者和服从者之间，以及服从者和领导者的协作都是组织领导成功的必备要素。

在所有关于领导能力的那些伟大的言论中，有一句话让我印象非常深刻：

做领导就要放弃指责他人和找借口的权利。

领导是一种态度，是这样一种处世方式：不是问："我怎样才能成功？"而是问："我怎样才能为这种情况做出最大的贡献？"以及："我怎样才能根据情况的需要做我最应该做的？"

---

① 巴达拉克（Badaracco，生年不详），美国哈佛商学院教授。著有《领导与整合》、《商业伦理：角色与责任》、《知识联结》、《沉静领导》等。

发展领导能力

　　领导者最重要的一个任务是培养其他的领导者。纳斯尔丁不仅激励我们拿出做领导的负责任的态度并寓言于行，同时还要有意识地通过我们自身的模范作用培养其他人的领导能力。他还帮助我们认识到，我们自己做领导时，对自己的期望和对别人做领导时的期望是多么的不同。

戒咖啡

一位高级经理来找纳斯尔丁，向他讨教如何戒咖啡。因为他工作时间喝咖啡实在是太频繁了。

考虑了一会儿，纳斯尔丁说可以帮助他。他让这位经理先回去，过两个月再回来找他。经理同意了这个约定，两个月后如期归来。

纳斯尔丁看着他的眼睛说：

"不要再喝咖啡了；你再也不需要咖啡了。"

经理吓了一跳。"就这样?"他难以置信地问道。

"嗯，"纳斯尔丁回答说，"你会发现你对咖啡的渴望已经完全消失了。"

"那你可以第一次见我的时候就这么告诉我啊；何苦让我等两个月再回来找你?"

纳斯尔丁笑了笑说："我得先自己戒咖啡啊。"

干劲十足

"我怎样才能使我的员工干劲十足呢?"在一家高级酒店举办的会议上,一位总裁问纳斯尔丁。

纳斯尔丁看着他问:

"你过去是怎么让自己干劲十足的呢?"

总裁有点不知所措。但是由于他多年尊为领导者,总是能找到问题的答案,这次也不能让人们看出来他疏于智慧,于是说:

"我记得当我还是中层经理的时候,我觉得上司将公司事务管理得非常沉闷。我认为我可以比他管理得更好,于是我开始向那些能注意到我工作能力的人游说我可以管理得更好,结果他们推举了我。"

"哦,"纳斯尔丁回答说,"告诉我,现在哪个角色转换了?难道你现在没有让你的下属觉得你的管理沉闷吗?还是你没有注意到他们也在极力地向你展现他们可以管理得比你好?"

培养领导能力

纳斯尔丁曾经参与一场关于如何培养成功领导的讨论。一个人说领导不是培养出来的，是天生的；另一个辩驳道：领导如时势造英雄，是在正确的时间和地点产生的。最后他们征询纳斯尔丁的看法。他回答道：

"最近成功的政界和商界领袖们都证明，领导不是时势造英雄那样在正确的时间和地点冒出来的；但是，领导的培养一定要避免错误的时间和地点。"

步调一致地遵从

　　一家公司费了很大力气制订并努力实现其公司愿景、中心价值和战略规划，但是公司的管理层却发现很难让其员工遵从他们为公司发展制订的新方向。于是他们向纳斯尔丁咨询：

　　"有什么最快的方法使公司的所有员工都步调一致地往同一个方向去呢？"

　　"付我十倍的薪水，我只要十分钟就可以办到。"他很快回答说。

　　尽管薪水不菲，他们还是同意支付了。

　　纳斯尔丁离开房间，走下楼梯，走进进门大厅，一边砸消防警报，一边高声喊着"着火了"。几秒钟之内，公司所有员工就步调一致地从消防通道跑了出去。

怎么爬到公司的高层

几位野心勃勃渴望领导权力的年轻经理来咨询年老智慧的纳斯尔丁，问他怎样才能爬到公司的高层。

"哦，"纳斯尔丁回忆道，"我年轻的时候，总相信那些爬到公司高层的人是由于公司制度的不平等造成的——他们认识熟人，他们上过好学校，他们有后台。"

当我自己开始在公司的管理阶梯上一步步爬行的时候，我开始发现那些领导之所以做到高层是源于他们的努力和道德。

大智若愚

"最后，当我做到公司高层，我发现我们之所以做到公司高层不过是源于机遇而已。"

"那么，纳斯尔丁，我们应该怎么做呢？"他们有些迷惑不解地问。

"你们这种情况，我想你们应该查查你们的电话簿有没有有背景的联系人。"

[这个故事是拜访著名作家舒马赫① （E . F. Schumacher） 的时候讲的。]

---

① 舒马赫（E. F. Schumacher，1911～1977），英籍德国经济学家、企业家，被后人尊称为"可持续发展的先知"。著有《小的是美好的——一本把人当回事的经济学著作》等。

领导沟通

许多公司的领导都搞不清传达信息和沟通的区别。我经常听到公司职员抱怨管理层在公司发展战略方面与他们缺乏沟通，但是管理层却说他们已经给员工发了足够多的电子邮件和书面资料，而员工都没有认真阅读。公司的领导们经常会搞一些内部的沟通，强调发出书面政策的必要性，但是却搞不清楚传达信息和沟通之间的区别。

我们是这样区分信息和沟通区别的：

传达信息	沟通
单向	双向
表达的是数据和事实	除了数据，还有观点和感情
包含说或写	也包含听

纳斯尔丁将让我们认识到这二者的区别，并让我们思考如何进行真正的沟通和对话。

对话不同于辩论和讨论。彼德·圣吉[①]（1990）指出，"讨论"（discussion）这个词和"来回碰撞"（percussion）、"脑震荡"（concussion）来源于同一词根，相当于敲打着另一个人的脑袋把你的观点敲进去。

在对话中，所有参与对话的人都试图通过理解和交换彼此的观点发现新的意义。物理学家戴维·玻姆（1996）曾说过，在对话中我们集中在一起参与创造新观点，而不是仅仅交换私下已经有过的想法。现在，我们西方社会充斥着信息传递，但是令人悲哀的是，真正的对话和沟通却少之又少。

[①] 彼德·圣吉（Peter Senge，1947~ ），美国管理大师，国际组织学习协会（Society for Organizational Learning，简称 SOL）的创始人和主席。著有《第五项修炼：学习型组织的艺术和实践》、《第五项修炼实践篇：创建学习型组织的战略和方法》、《变革之舞：学习型组织持续发展面临的挑战》、《学习的学校：教育者、父母和关心教育人士的第五项修炼实用手册》等。

"祝你有好胃口"

纳斯尔丁靠着他知名管理咨询师的名头赚了不少银子，像其他智慧的傻瓜一样，他开始乘坐渡轮旅游。

在游轮上的第一天，纳斯尔丁就被安排和另一位法国游客用同一个餐桌。一起就餐的时候，法国人对他说："祝你有好胃口啊（Bon Appetit）。"纳斯尔丁不懂法语，以为他在做自我介绍，就回答了一句："我叫穆拉·纳斯尔丁（Mulla Nasrudin）。"他们在一起就餐很愉快。

　　可是第二天吃早餐的时候，那位法国人依然遵循昨天的程序向他说"祝你有好胃口啊"，纳斯尔丁以为他有点耳背，这次就朝他更大声地说："我叫穆拉·纳斯尔丁。"

　　午餐的时候，同样的事情发生了。纳斯尔丁有点不悦，认为这个法国人肯定有点儿弱智。不过幸运的是，那天下午他和另一位会讲法语的游客聊了天。这位游客是一位跨文化咨询师，他告诉纳斯尔丁说"Bon Appetit"是礼貌的问候，"祝你好胃口"的意思，跟英语里的"吃好啊"（have a nice meal）是同一个意思。

　　"啊，多谢。"纳斯尔丁如释重负，整个下午都在甲板上走来走去练习说这句法语。晚餐的时候，他骄傲地坐在餐桌上，对跟他一起就餐的这位法国新朋友说："祝你有好胃口啊。"

　　"我叫穆拉·纳斯尔丁（Mulla Nasrudin）。"法国人这样回复道。

沟通政策

一家公司的高层管理团队问纳斯尔丁是否能为他们制订一个沟通政策，这样他们就可以与自己的 6000 名员工更好地交流。

"当然，"纳斯尔丁回答说，"但是你们得先回答我，在沟通的过程中，你们最不想听到的是什么?"

公司秘密

纳斯尔丁曾经在一家大公司工作，该公司人与人之间缺乏信任，个个多疑自危。经常有人神秘兮兮地告诉纳斯尔丁公司的秘密，并让他替他们保守秘密。

最后，纳斯尔丁再也无法忍受下去了，当又有一位经理问纳斯尔丁能否保守秘密的时候，纳斯尔丁回答说：

"我恐怕我的脑袋里已经没有地方了，我在公司里已经听了太多别人的秘密，没有地方可以再保存你的秘密了。"

12

领导的变革能力

关于变革管理的特征，我们看到的著述已经够多了，多到已经形成一个生气勃勃的产业和学术分支。但纳斯尔丁却慧眼发现并告诉我们，这个领域内的从业者是多么的过于英雄主义和傲慢无稽。从许多角度来看，"管理变革"一词有点匪夷所思，甚至有些自相矛盾。你可以进行变革，辅助变革，不阻挠变革，但是很少能管理变革。

就在去南非工作的前夕，我在电视上看了关于连环杀手丹尼斯·内尔森（Dannis Neilson）的电视纪录片。看到内尔森把人们诱骗进他的公寓，然后杀死他们并碎尸，然后冲进下水道的恐怖故事，我非常震惊。不幸的是，他住的是楼上公寓，很长时间没有人发现他的罪恶。终于有一天，他楼下的邻居不能忍受腐臭了。他们找来了下水管道专家戴纳罗德（Dynarod）。戴纳罗德查出腐臭的原因是下水管道堵塞，并用钩子钩出了堵塞下水管道

的尸块。他们立刻叫来了警察。警察发现这就是他们寻找已久的连环杀手所住的地方。

实施逮捕的时候，那位警察是这么回忆的：

　　我那时等着内尔森先生下班回来，就想："这对他可是件麻烦事，我该怎么安慰他呢？"然后我就想："或许幽默一点会有所帮助。"他走进家门的时候我对他说："伙计，我来检查你家的下水管道了。"他明白了我的意思。

我不知道为什么这么一个令人作呕的故事在我的脑子里一直挥之不去，以至于在去南非的路上我都在想这个故事。后来我意识到可能有两个原因。其一是下水管道专家戴纳罗德，他很快检查出腐臭的原因，而且他解决问题时设法使原有下水道系统所做的改变减少到最小。如果换了其他的下水道公司，他们一来恐怕就会要求住户更换他们的下水管道系统，然后花费好几个星期，耗费很多人力物力。他们也会最终解决这个问题，但这期间住户的家具可能就会被搬来搬去，地毯和地板都被撬起来，室内装修也被搞得一塌糊涂，还要忍受安装新管道时的叮叮当当的噪音。

　　另一个引起我注意的就是那位神奇的警察。我也有很多次站在总裁的办公室门外想："这对他可是件麻烦事，我该怎么告诉他他的公司之所以'腐臭'的原因呢？或许幽默一点会是个好办法。"

　　在南非的会议上，我讲了这个故事，并且谈了我对这个故事的感想。与会者由此也对如何管理变革与我产生了共鸣。

　　纳斯尔丁将告诉我们，当进行任何变革时，我们都要先改变自己，这才是一切变革中最困难的一步。

赶走鳄鱼

纳斯尔丁帮助一个管理团队考察他们是如何管理他们的变革项目的时候，那些经理人说："当鳄鱼已经游到你脖子边上的时候，你是很难赶走鳄鱼的。"

"我有一位瘸腿的老祖父，"纳斯尔丁回答说，"他教我说，在驱赶鳄鱼的时候，你要沿着池塘边沿而不是拿着工具跳到鳄鱼池的中央。如果你跳到中央，鳄鱼就会想：'太好了，我的午餐来了'，或者'救'命啊，有人攻击我'，然后它就开始咬你。"

关奶油什么事

纳斯尔丁仔细讲解了他的公司管理计划，尤其就公司最需要做的改进和相关的管理做了详尽陈述。听完之后，总裁反驳道：

"你这个管理计划怎么也没撒一层奶油？"

"没有奶油，"纳斯尔丁回答说，"不过，你没看见我在上面撒了一层粪肥吗？"

成功之路

一个冗长的战略计划会议结束了，总裁转向纳斯尔丁说：

"你已经听到了我们今后五年的目标，那么请告诉我们，现在我们应该朝哪个方向走才能达到那些目标？"

纳斯尔丁捻着胡子思考了好半天，然后说道：

"嗯，如果这就是你们想要达到的目标，我就不从这里出发了。"

改变公司方向

董事会就公司的管理变革举行了一次漫长的战略计划会议。会后，他们问纳斯尔丁认为公司花多长时间才能改变方向。

"哦，这取决于不同的情况。"纳斯尔丁说。

"什么情况？"他们问。

"取决于你们从现在的立场看公司前景的享受程度。"

改变人还是人力部门

一家大型零售公司的人力总监向纳斯尔丁津津有味地描述了他做的一件事情有多么成功——一次性裁员 2000 人，并将公司文化进行了一些改变。

"你看，我们采取了你的建议。"人力总监愉快地说。

"我的什么建议？"纳斯尔丁有点不安地问道。

"你不记得了？你告诉我们，如果不能改变人力部门，就改变公司的人力。"

"啊，错了。"纳斯尔丁说，"我当时说的是，如果你们不能改变公司的人力，就改变公司的人力部门。"

谁有问题

纳斯尔丁与和他在同一家公司工作的高级经理结婚了。有一天，他的妻子辗转反侧，翻来覆去睡不着，吵得纳斯尔丁也不能入睡。

"看在上帝的分上，到底发生了什么事？"纳斯尔丁问。

"我本应该今天给管理总监完成一份报告，让他在明天的董事会上做陈述，但是这份报告我今天没完成。"她回答。

大智若愚

"你先待着!"纳斯尔丁用命令的口气说。然后他去给管理总监打电话。

"你三更半夜给我打电话干什么呀!"管理总监大吼大叫,"你不知道现在是半夜两点,而且我明天一早还有重要会议吗?"

"我当然知道。"纳斯尔丁说,"我妻子本来应该给你写好明天的会议报告的,但是她完不成。"

他放下电话对妻子说:"现在你可以睡觉了。让他今晚睡不着。"

退　休

纳斯尔丁终于退休了，他和朋友们坐在一起追忆往昔。

我年轻的时候是革命派，总想改变世界。

有一天醒来的时候，我发现自己已经进入中年了。我发现我的生命已经过去了一半，但是我却没能改变任何人。于是我祈祷上帝，让我至少能够改变我周围的人。

"哈哈，现在老了，我只是每天祈祷上帝赐我力量，让我改变我自己。"

不同方向

有一次，有人问纳斯尔丁为什么公司管理层做了最大的努力，公司的各个部门却依然各行其是，不能朝同一个目标行进。

"哦，这个问题很简单。"纳斯尔丁说，"如果他们都朝一个方向走的话就会失去平衡，整个公司就瘫痪了。"

13

估价、价值观和继承关系

我曾经遇到一位金融投资经理，他因为年终奖只有 50 万美元而感觉很不安。我对此感到吃惊。"一个连年终奖都比绝对大数人的薪水还多的人，怎么还如此抱怨呢？"我问这个人的老板。"你不明白，"他的老板说，"现在我们这里的人都很痴迷年终奖支票上零的个数。"

如今，价值已经和金钱紧密地联系在一起，金钱本身已经没有多少意义，金钱更多地变成了一种创造价值的方法。我们已经忘记了怎么估价，因为从现代人的行为来看，价值存在于物质或者别人身上，而不是存在于我们和物质以及别人的关系之中。

当我们谈到"我的"工作、"我的"生意、"我的"房子，我们往往把我们工作中的关系和我们住在哪里变成了我们所拥有的物质。在一些公司工作的时候，有人再次引入古代"管家"的概念。作为我的房产的管家，我重点要

做的事情就是看好我的财产，以便传给下一代，使他们能过更好的生活。如果我们能用这种态度对待我们目前的工作，所在的公司以及负责领导的部门就好了。我们都是财产的暂时持有人，在目前的公司职位上扮演临时角色，总有后来人会继承我们留下的东西，不仅仅是在我们死去的时候，还在我们辞职的时候。所以我们必须思考这样的问题：

- 我想给我的后继人留下什么？
- 我的后继人在我离开的时候想收到什么？

在现代生态危机的问题上，我们尤其要考虑到我们的价值观和"管家"的思维方式。我们应该将我们考虑的重点从"我能从现在的物质世界得到什么"，转换到"我们应该向我们的后代奉送一个怎样的世界"。除非我们能从考虑第一个问题转换到考虑第二个问题，否则我们的后代将没有希望从我们手里继承任何遗产。

问题与英镑

纳斯尔丁负责一个居住地产项目的咨询。晚上的时候，他和经理们在一起，经理们就一个接一个地问他白天没有问到的问题。纳斯尔丁意识到这是一种无偿的"加班"，于是就坐在吧厅的一角竖起一个牌子：

回答问题。两个问题100英镑。

最初的两个小时里没有人再来打扰纳斯尔丁。最后，终于有个经理忍不住了，上前问道：

"100英镑是不是太贵了点呢？"

"是的。"纳斯尔丁回答说，"你的第二个问题呢？"

知识产权

有两位顾问在争论一个公司发展模型的归属权。他们争执不下，只好找来纳斯尔丁解决他们之间的冲突。

"谁最先想到这个主意的？"纳斯尔丁问。

"我。"两人立即同时回答说。

"谁为发展这个模型出力最多？"纳斯尔丁又问。

"我。"两人又立即同时说。

"谁最关心这个模型？"

从最后这个问题的答案中纳斯尔丁依然不能断定模型的归属。

思考了一会儿，纳斯尔丁想起了一个解决办法。他提出了这个解决办法的第一步。

"我要你们每人花两天的时间，教会我你们这个模型的新系统。"

两人都爽快地答应了这场比赛，认为谁能最好地教会纳斯尔丁这个新模型，谁就能拥有这项知识产权。

第五天，纳斯尔丁又把他们召集到一起问：

"你们两个都认为我已经学会了你们所教的内容，对吗？"

"是。"他们两个又同时回答。

"那么，好吧。"纳斯尔丁无奈地说，"你们所讲的东西肯定已经进入我身体的某个部位了。现在你们谁能最快地从我身上取出你们所讲的东西，这项知识产权就归谁。"

客户供应链

有一天，公司的培训总监决定去纳斯尔丁的课堂上听一堂管理培训课程。他走进课堂的时候，发现纳斯尔丁站在一圈经理人中间传递着一瓶酒。

"我花 15.3 美元（8.5 英镑）从你手里买下这瓶威士忌。"纳斯尔丁当下掏出钱来，递给拿酒的那位站在他右边的经理。然后他转向他左边的下一位经理人说：

"我手上有一瓶好酒，专门为您定制的，现在已经到货了。价格不贵，15.75 美元（8.75 英镑）你拿去吧。"

　　培训总监又吃惊又生气。他正想去当场解雇纳斯尔丁，但又想应该再等一下以收集更多的证据解雇他，以免无故解雇导致第二天上商报新闻。他看着那瓶威士忌在经理们中间转了两圈，每个人的出价都比上一个人高。最后，这瓶威士忌的价格竟然达到了 27 美元（15 英镑）。这时，培训总监再也忍不住了。

　　"你这是干什么啊？"他质问纳斯尔丁。

　　"你看不见吗？"纳斯尔丁也有点生气，"我在帮助他们学习客户供应链。到目前为止他们都已经在他们的商品上创造了附加值。或许，你愿意花 28.80 美元（16 英镑）买这瓶昂贵的威士忌？"

一餐饭的价值

纳斯尔丁带几位朋友去一家新的小餐馆吃饭。餐馆的饭菜很不好，几乎难以下咽。可是埋单的时候，朋友们却发现纳斯尔丁给了餐厅很多的小费。

第二个星期，纳斯尔丁说服朋友们仍来这家餐厅吃饭。令人奇怪的是，这次餐馆的饭菜好多了。

吃完饭，像往常一样，纳斯尔丁也给了些小费，但这次给的小费却少多了。

　　朋友们迷惑不解："为什么饭菜不好你给了一大笔小费，饭菜好多了你给的小费却少了？"

　　"上周的小费是为这周的饭菜付的；这周的小费是为上周的饭菜付的。"纳斯尔丁说。

追随父亲的脚步

纳斯尔丁参加了一次工程师的专题会议。

一位正在台上发言的咨询师问一位在座的年轻工程师："你为什么当工程师呢？"

"因为我父亲是一位工程师。"那位新来的工程师说。

"那你父亲为什么当工程师呢？"发言的咨询师继续问道。

"因为他父亲也是一位工程师。"

"那么告诉我，如果你祖父和父亲都是白痴，你会当什么？"这位发言人语含讥讽，听众也都哄笑起来。

年轻的工程师被问住了，脸红到了耳根。

这时候纳斯尔丁觉得自己想出了正确答案，站起来帮工程师解围，回答说：

"当咨询师。"

在什么时间长的头发

纳斯尔丁（Nasrudin）还是一位年轻经理人的时候，总是麻烦不断。有一天，他的老板把他叫去，问他整整一个早上哪儿去了。年轻的纳斯尔丁说：

"我总得去把我的头发剪了吧？"

"可你不能在工作时间干这些私事啊。"老板生气地说。

"可我是在工作时间长的头发嘛。"纳斯尔丁反驳道。

"也不是所有的头发都是在工作时间长的呀。"

"可是我也没有把所有的头发都剪掉啊！"

公平交易

接手了一个重要咨询项目，纳斯尔丁决定去买些新衣服。

纳斯尔丁去了一家很大的服装店，尽管他在一堆衣服里试来试去，故意拖延时间，受过良好客服培训的店员依然耐心地陪着他。

最后，纳斯尔丁挑了一件帅气的裤子。他从试衣间走出来，问这件裤子多少钱。当店员告诉他价格是 630 美元（350 英镑）时，他立刻在商店中央就把裤子脱了下来，然后要求店员把裤子换成一套价值 540 美元（300 英镑）的西装。

"可是，先生，"店员插嘴道，"你的裤子还没付钱，怎么能交换呢？"

"你不会指望我付我自己这条不想要了的裤子的钱吧？"纳斯尔丁反驳道。

14

为健康焦虑

英国军队发现了"炮弹休克症"（shell shock），美国军队发现了"战斗倦怠症"（battle fatigue），而现在的大公司心理研究又发现了"焦虑症"和"焦躁症"。"焦虑症"已经变得很时髦了。有些人把"焦虑症"当作徽章来佩戴，以宣告他们工作多么努力，他们是多么重要的人物，以及有多少人需要他们。另一些人则花费大量的时间、金钱以及精力，不遗余力地去治疗"焦虑症"。

没有焦虑你就感受不到生命，我们需要一定的焦虑感，使得我们保持意识，并对周围的世界作出反应。其他类型的一些焦虑属于我们面对现实或者思考世界的副产品——比如一想到思考的焦虑，我就觉得焦虑。

焦虑很容易被当作我们拥有或者想去除的东西，而不是被当作投入的过程或对周围环境作出反应的一种方式。焦虑是生命的一部分，但是在人生的经历中，我们有选择

焦虑还是不焦虑的权利。

纳斯尔丁鼓励我们既不逃避焦虑，也不因为担心焦虑症而变得焦虑。他还向我们指出闲暇的重要性，因为闲暇能产生新意识和创造性。汤姆·迪马可①能够以简单的方式捕捉伤感，在近作（2002）《闲暇：穿越焦躁、繁忙和全部效率的秘密》（Slack: Getting Past Burnout，Busywork and the Myth of Total Efficiency）一书中，他这样写道：

> 经常的加班和雄心勃勃的工作计划是"匆忙"（Hurry up）型公司的症状。效率是效果的较量，通过减少时间来减少成本……
>
> 在"匆忙"型公司里，失去的是他们思考新工作流程和新产品的时间；换句话说，就是失去了闲暇。与前几个世纪的以工厂生产为基础的经济不同，现在是知识经济社会，对闲暇的创新性管理对于一个公司的健康和成长都至关重要。
>
> "健康"（henlty）一词的词根与"完全"（whole）和"神圣"（holy）两个词的词根来源相同。这个神圣的傻瓜纳斯尔丁将为你指点健康一生的方法。

---

① 汤姆·迪马可（Tom DeMarco，1940～），美国学者。著有《自适应软件开发》、《最后期限》、《人件》等。

焦　虑

纳斯尔丁看起来又累又焦虑。他的同事关切地问：

"你是不是有什么担心的事啊？"

"听着，"纳斯尔丁说，"我已经有很多事情要担心，如果今天再有什么可怕的事情发生，未来六星期我都没有时间来担心它。"

我希望我病得很厉害

有一天，纳斯尔丁一边跑进公司医生的诊室，一边大声地叫嚷：

"我希望我病得很厉害！我希望我病得很厉害！"

在诊室排队等待的每个人都认为他已经情绪失控了，就赶紧让他排在第一个去看医生。

纳斯尔丁还是一边走进去，一边说：

"我希望我病得很厉害！我希望我病得很厉害！"

"为什么会有人想要病得很厉害呢？"医生问道。

纳斯尔丁回答说："哦，我一想到有的人虽然很健康，但感觉却和我现在一样糟糕，我就觉得受不了。"

被烧焦

纳斯尔丁年老的时候依然每天工作很长时间。有人问纳斯尔丁是怎样避免"被烧焦"（burn-out）的问题的。

"很简单，"他回答说，"我整整一生都在寻找能让我安全的火花。我只参加点火仪式。只点燃个火花，是不会'被烧焦'的。"①

---

① 这里的意思是纳斯尔丁只是开始点火的人，火烧起来的时候才会烧焦人。——译者注

投胎转世

有人问纳斯尔丁，如果可以投胎转世的话，他最希望被转成什么——佛祖，喇嘛，老虎还是其他动物。纳斯尔丁回答说：

"蛇，因为蛇有我最缺乏的东西。"

"是什么？"他们问。

"时间。"

15

在死之前死去

有一位藏传佛教宗师曾经对英国公众作过演讲，演讲开头谈及的是关于死亡的话题，他用高昂的声音讲道：

死亡是一件滑稽的事情，我们以为它在我们生命终结的时候才会来临；其实不是这样，死亡在我们生命的中间就来临了。哦，我们以为那是生命的中间，其实不是，其实那就已经是生命的终结了。

跟纳斯尔丁一样，他也在有意淆乱西方人既成的思维模式。西方人的思维模式是在生命的过程中尽量排除和隐藏死亡，不使自己看见死亡，直到生命的最后。

那位藏传佛教宗师还讲过一个他的老师的故事。那时候这位老师正在纽约访问，一位女士过来问他："喇嘛、喇嘛，我该怎么办呢？我快要死了。"这位老师回答说：

"你确实快要死了。"这位女士被激怒了："你不知道，我只有六个月的生命了！"西方社会有一个有趣的现象，许多人总是被告知他们只有六个月的生命了，但却从来没有什么人说他只有四个月、半个月、七个月或者三天的生命了。老师洞悉此中奥秘，他回答女士说："女士，你不能保证你会比我先死的。"

"在死之前死去"（Die before you die）是一条很有力量的俗语，它让我们将死亡放归它应在的位置，即生命的中间。苏格拉底曾经说过，哲学就是练习死亡。一个人越能在生命的中间拥抱死亡，就越能够经历生命的饱满。因为生命和死亡只是同一个现实的两个不同方面。

耶稣也曾谈论过自己死亡的需要，死亡是为了永恒地生存。然后在现在的西方社会，生命更多地和物质联系在一起，只有在我们周围的物质中，我们才能幻想生命的永存和可控性。这种现象的一个方面，就是你会发现有许多关于团队建设和组建新团队的书，但是几乎没有哪一本书是关于如何有效地终结团队的。我的经历中有太多的情况是现有的团队经常为负担上一个团队未终结的工作而疲于奔命。

纳斯尔丁反对我们否定死亡。他用独特的方式在两个双重矛盾的事物中给了我们一线启示的光芒：死即是生，生即是死。

知道何时何地死亡

有一天，纳斯尔丁讲起了他父亲和祖父的传奇故事，他的听众都心不在焉，直到他告诉他们他的祖父如此智慧，能确切地预见他将死的具体时间和具体地点。

"多么具有远见卓识！""简直是见识非凡！"听他讲故事的人纷纷赞叹。

大智若愚

最后，一位好奇的听众忍不住问："那你的祖父是如何知道他什么时间和地点死的呢？"

纳斯尔丁回答道："太简单了。法官判他死刑的时候告诉他的。"

在死之前死去

历史之后

纳斯尔丁发现一本书叫做《历史的终结》（The End of History）。读完这本书后，纳斯尔丁给出版商写了一封信，要求写个续本，续本的名字就叫：

《历史的终结　第二部：之后将发生什么》

（The End of History Part 2: What Happened Next）。

大智若愚

遗　愿

　　纳斯尔丁老了的时候，他的律师问他是否还有什么遗愿。

　　"确实有，"纳斯尔丁回答说，"既然现在我唯一还想要的东西就是健康，我已经把我所拥有的一切都留给了救助我生命的医生。"

在死之前死去

沉迷过程

研讨会上，一群被鼓动起来的商界领袖们对沉迷过程会怎样影响公司非常感兴趣。

"给我们讲讲有关沉迷的东西吧，纳斯尔丁。"他们说。

纳斯尔丁回答说：

"首先，让我再给你们讲三个故事……"

讲故事：在公司管理中发挥故事的积极作用

一位电脑迷搜索出了世界上最新最强大的电脑，编出程序来让电脑回答这样一个问题：电脑能否像人脑那样思考？等了很久以后，电脑的打字机终于噼噼作响。电脑迷连忙冲过去，想看看电脑到底写了什么答案，只见纸上打出来的字是：

这让我想起了一个故事……

故事的语言能够取得人们用其他直白的语言沟通时所达不到的效果。雷格里·贝特森（1915）认为，故事是"理解关系的皇家之路"（royal road to understanding relationship）。他发现，在现在西方的后科学时代，我们的绝大部分语言都变成了物的语言，用以确定物质和事物。这种语言能够出色地为我们研究物质世界进行试验的时候提供服务，但是这种语言对于传递关系以及表达人类存在的其他潜在状态却是缺乏效力的。

故事几乎是伴随着人类的历史产生的。而且，尽管有些故事是在不同的时代和地点讲述的，可它在我们这个已

在死之前死去

经发生很大变迁的世界依然有一再讲述的意义，诸如老子的故事，美洲印第安人的故事，格林兄弟搜集的那些故事①，天方夜谭的故事②，早期禅宗的故事。耶稣以及其他伟大的讲故事的能手，都能让我们在看待周围世界的时候受到启发。这是因为他们讲述的不是事物，而是把事物联系起来的关系类型。这些故事不仅讲述活动，还讲述活动的内在关系。

　　但是，也不是所有的故事都能超越时空成为宇宙的信条。有些故事更本地化一些。故事的起源经常是朋友之间的逸闻趣事，其中的一些被借题发挥之后一下子便广泛传播开来，最后成为村子里或者公司里茶余饭后的谈资。有时候一些故事也会变成一个民族的神话，然后传给下一

---

　　① 这里指的是格林兄弟搜集的德国民间故事，结集为《格林童话集》。[由德国雅各·格林（1785～1863）和威廉·格林（1786～1859）兄弟根据民间口述材料改写而成。作品主要颂扬勤劳和诚实，鄙弃懒惰和自私，鼓励对暴力和邪恶的反抗，激发对被压迫者的同情和爱护。其中如《灰姑娘》、《白雪公主》、《小红帽》、《青蛙王子》等童话，都是脍炙人口的故事。]

　　② 这里指古代阿拉伯民间故事，结集为《一千零一夜》，旧译《天方夜谭》。[内容包括寓言、童话、恋爱故事、冒险故事、名人轶事等，主要反映中古时代阿拉伯和亚洲一些国家的社会制度和风俗。故事的真正来源已无从查考，一般认为是在古波斯语的《一千个故事》的基础上经后人逐渐丰富加工而成，16世纪定型并流行于世界各国。]

代，以教育后人，它不是该民族的法律、法规，但是却成了该民族的人们行事的习俗规范。

这些故事不仅成了该民族不成文的规定，而且还成了教育该民族成员——不管是部落、公司还是家庭——的教育手段。因为文化不仅仅存在于行为之中，还存在于集体看待世界的视角中。

如果想了解另外一种文化，我们需要听听他们是如何讲述自己民族的故事的，而不是看他们向世人呈现出来的样子。作为一名咨询顾问，如果我要深刻了解一家公司的内在文化，就得找到一种办法走进该公司的故事圈子。直接的询问通常一无所获，因为反映该公司文化的那些强大的故事都已经雾化在该公司成员的日常存在和思考习惯中，通常是不会被意识到的。我得用与之自相矛盾的方法旁敲侧击。为了达到这个目的，我会问以下这些问题：

"你能用十分钟时间对贵公司进行一次'非官方'介绍吗？这次介绍要能够让我清楚地了解到贵公司的一切情况，而且这些情况都是贵公司任何人都不会用官方语言告诉我的。"

"你们公司尽人皆知但又不会在公众场合谈论的笑话是什么？"

在死之前死去

"贵公司的哪些人经常在公司里被人津津乐道？人们提起他们的时候当他们是无赖、英雄还是傻瓜？在贵公司怎么做才至于变成他们那种人？"

了解到一个家庭、部落或者公司的内部故事之后，很重要的一点就是要尊重这些故事，不会"强奸"这些故事，将其变为数据、文学描述或者科学分析。与梦境一样，故事有自己的语言，而且很难被立刻置换成另外一种语言。我曾经和我的同事皮特·瑞森（Peter Reason）花了一些时间研究如何在语言和故事中寻找故事。关于这方面的研究结果，发表在我们合作的论文"通过讲故事求问教"（*Inquiry Through S'tory telling*；皮特和哈金森 1988）中。

故事需要把玩，情节组织需要经验，节奏需要感知。故事的力量可以被外人充分地感受，但是一定得先让自己进入故事或者故事进入你本身。

所以，故事就是一种把文化传递给你的追随者的载体，也是一种确定集体行为的方式。每个公司和组织都必须有文化，否则公司的运行就形同一个没有人格的人的行事。公司文化（或者一个人的人格）容易出现的问题就是僵化。因为公司的文化不仅要为公司行为和识别上提供一致性，还要为公司适应内部和外部环境变化提供灵活性。但是，"身在此山中"往往看不清"庐山真面目",对于我们看不到的部分我们很难进行改变。你想要改变公司文化的意图也几乎是从现有的公司文化中产生的,这真是"第二十二条军规"("不可能完成的任务")。

中国有句俗语叫做"鲤鱼跳龙门",如果你想改变你耳濡目染的文化,就必须先要变成"鲤鱼"。是什么造成除了跳龙门的鲤鱼之外的那些大马哈鱼堆在一起不思外面世界的呢?又是什么让一个人跳出他固有的思维框架的呢?

故事除了传递文化,还能打破我们的思维方式,让我们认识到我们周围的世界其实和我们固有认知的世界是不同的。我还发表过一篇叫做"学习变化的观点"的论文(The Changing View of Learning;哈金森 1992),我在这篇论文里指出:如果我们要创造一个学习型的公司,就必须从根本上改变我们个人和集体的学习方式,放弃我们已经学到的理论知识和认知世界的方法。在这篇论文里,我还指出了阻止我们认知世界和了解变化的特性的几个经典的障碍:

- 总是看到事物,而不是事物存在的联系形式。
- 总是按线性思维模式找事故原因,找出为之负责的人或事;然后对造成失误的事物进行攻击,或者对犯错误的人进行指责。
- 将过程变成重大事件。
- 将多重复杂的可能性简化为"或者……或者……"

的双重性选择。

●使自己置身事外，寻找问题的原因时将自己排除在
  外。

●把关系发生的过程当成存在于个人、团队或者公司
  的财物。这样就把知识当成了你的内在所有，同样
  的模式套用于个人性格、团队组织或公司文化。

这个世界上的许多大师们创造出来的关于公司发展的
模式和项目，都被那些试图尝试和应用这些模式和项目的
人演绎成他们按照既有的公司文化和思维理解出来的东
西。由此导致的结果，就是他们更多地重复既有的公司文
化和思维并予以强化。这样，许多好的思想和方法都变成
了被丢弃的"口中之味"（flavors of the mouth）①；还有一
种结果就是，公司一开始兴高采烈地实施一种新方案，结
果却以失败告终，最后对这个方案充满失望和谴责。

在本书中，我之所以取笑了许多常见的公司发展方
案，不是因为我认为那些方案是错误的，而是因为他们毫
无创新、毫无消化地使用那些发展方案，往往都不会给他
们的公司带来可持续性的转变和发展。我们不消化或者因
此而生病的时候，往往会更多地怪罪食物而不是吃饭的过

---

① 意思是不能进入肠胃消化成营养。——译者注

程。柯普①曾经写过一本非常生动有趣的书——《如果你在路上遇到佛祖，杀了他》（If you meet the Buddha on the Road，Kill Him；1974）。智慧的纳斯尔丁也会说："如果你在会议上遇见一位完美的公司发展大师，吃了他，并吐出他对你的诱导。"

不仅因为大师们对他们将如何实施方案的陈述完全是谎言，还因为他们自己在讲台上进行陈述时也会陷入僵化的思维模式。这就如同阿吉里斯②（Argyris，1974）和舍恩③（Schon，1978）很难对他们的"双循环学习法"（double-loop learning）进行双循环学习，彼得·圣吉（1990）很难不去做关于对话的而不是去做关于独白或者讨论的重要性的演讲，道理是一样的。所有在这一领域工作或写作的人，都能够将我们的媒介和我们得到的信息、

---

① 柯普（Sheldon Kopp，生年不详），美国作家。著有《成熟的人生》、《镜子·面具·影子》、《冲破无知的障碍》等。

② 阿吉里斯（Chris Argyris，1923~ ），美国心理学家，组织心理学与行为科学的先驱，行为科学的创始人。著有《个性与组织》、《克服组织防卫》、《有瑕疵的忠告与管理陷阱》等。

③ 舍恩（Donald Schon，1930~1997），美国当代教育家、哲学家、美国"反思性教学"思想的重要倡导人。从20世纪70年代到80年代中期，他与克里斯·阿吉里斯合作，提出了个人与组织学习的理论。著有《观念的位移》、《超越稳定状态》、《反映的实践者》、《教育反映的实践者》、《反映回观》等。

我们创造的比喻与现实区分开来。

管理顾问有时候也会思维僵化的，和那些他们想帮助的公司会有僵化的文化是一个道理。这不足为奇，因为僵化的思维其实是我们赖以生存和接受教育的客观世界的文化的一部分。

纳斯尔丁的关于知识的理论非常独特。他的故事逻辑能够以独特的方式打破我们固有的僵化思维，当我们听他的故事的时候，故事的逻辑进入我们的大脑后会在里面产生一个短暂的"电路"，从而让我们的思维跳出原来的路线。不过，要我们能很快地享受他的故事，消受故事对我们大脑产生的休克刺激并很快回复正常，这并不是很容易的事情。一旦故事短暂的震动力量被公司当作幽默很快忘记，公司原来的文化状态很容易反弹和回复。

如果我们真的想让纳斯尔丁的故事发挥作用，我们必须邀请他进门，而不是让他在门口逗我们开心。只有把他当作一个常客，我们才能够讲述和复述他的故事，在故事的效应依然存留在我们身上的时候进行观察和学习，在复述他的故事的时候激发出新鲜的观点。

常有人告诉我说他们记不住笑话或故事。对于某些人，我只能礼貌地同情他们不佳的记忆力，但是对于另外一些人，我建议他们不要试图通过听故事来记住故事，而

是要通过复述。我建议他们把那些能让他们产生共鸣的故事在听完后的 24 小时内，在三个不同的场合分别讲给三个不同的人听。这样他们就会发现，讲述过三遍之后，纳斯尔丁的故事和蕴涵其中的理论已经深入他们的内心了。

如果我们只是停留在讲故事的阶段，就有变成故事商人或者智力游戏的逗乐人的危险。只有当我们让纳斯尔丁成为我们的私人伴侣，让这个总是刺激人的傻瓜常伴我们左右，接受他做我们的老师——只有这样，当我们作为一位公司领导或者公司顾问，被公司的纷繁复杂如藤蔓杂草般的问题缠身而百思不得其解的时候，我们才能够求助于他，让他帮助我们清除问题的杂草。"你是怎么看待这种情况的？"我们就可以这样问他。或者，我们也可以根据这种情况自己炮制出一个关于纳斯尔丁的故事——但一定要确保我们遵循一些准则，这些准则包括：

● 确保我们自己也是被嘲笑的一部分；这个笑话是发生在我们自己身上的，要会自嘲。

● 故事的结尾是出乎意料的；我们得使故事有令人称奇的效果。也就是说，我们在炮制故事的第一个结尾往往是我们自己的既有思维模式而不是纳斯尔丁的想法。

● 故事要令人回味无穷。娱乐或者逗趣与幽默的区别

在于：前者让我们快乐一时然后就空空如也，而后者却能让我们回味并引起我们的深思。这种回味和深思会使我们重新用新的观点看待世界，并且改变我们的智力系统。

这些特征并不存在于故事本身，因为讲故事是一个过程，而不是一件事物。讲故事至少要有三个活动要素——讲故事的人、听众以及联系二者的故事。只有当这三者相互作用时，故事才能成功地创造出幽默和学习的力量；否则故事就会平淡无奇，听起来味同嚼蜡归于平淡。如果出现这样的情况，反馈出的信息就是以上三个要素之间缺乏互动。聪明的讲故事的人能够及时收集到这些反馈信息，进而加工出一个能让听者产生反应的新故事；或者他们会意识到自己应该闭嘴。

现在，这又让我想起了一个新故事……